Les Francais n'utilisent pas bonjour

著 Bebechan

JN039826

**フランス人は
ボンジュールと言いません**

KADOKAWA

はじめに

この本はフランス語の教科書ではありません

本書を手に取っていただき、ありがとうございます。

皆さんはきっと、「フランス人って本当にボンジュールと言わないの？」と思いながら本書を開いてくださったのではないかと思います。

少なくとも、「**フランス語の勉強**」のためでなく、「**フランス人って本当にそうなの？**」という文化に対して興味を持ち、そこから本書を手に取ってくださったのではないでしょうか？

僕は言葉を学ぶときに大切なのはこうした姿勢だと思っています。

単語や文法、発音ルールの暗記といった言葉単体の勉強ではなく、ホントのところはどう話すか、どんな文化背景があってその言葉が使われるのか、その国や文化自体への興味・関心から入ることで、驚くほどすんなりと言葉が頭に入ってくると思うのです。

……。ちょっと硬い入りになっちゃったかな（笑）。

いきなり偉そうなことを言ってしまいましたが、これは僕の経験からも強く実感していることです。

僕は日本に住みながら YouTube で動画を配信しているフランス人のオ

レリアンといいます。YouTube では Bebechan として活動しています。チャンネルでは僕が感じる日本の素晴らしさや、日本の皆さんに知っていただきたいフランスの文化を紹介しています。

「フランスと日本の架け橋」をテーマとして活動しながら気づいたのは、**日本語単体ではなく、日本文化への尊敬、関心から入った方が、より日本語が頭に入るということです。**

　何よりこの学習法の素晴らしいところは「楽しい」ことです。

　「フランス人はボンジュールと言わない……。じゃあ、なんて言うの？」。こんな興味から学んだ、フランス人がふだん使う挨拶の言葉は忘れることはないと思いませんか？

　このように、本書ではフランスの文化を通して、フランス語を学んでいただきます。フランスに生まれ、26歳のときに日本に住むようになってから7年。
　日本の文化にも深く浸った僕から見て、皆さんがきっと興味を持ってくれると思うフランスの文化やフランス人がホントに使う言葉を、全て1冊に詰め込みました。

- ザギンでシースのような逆さ言葉が流行っている？
- なんにでも petit をつける
- フランス人はデートしない？

　「えっ嘘？」と言いたくなるような、真のフランス文化を厳選して選びました。こうした文化の紹介を読むだけでも楽しめるほど、皆さんにとって新鮮な内容になっていると思います。僕だけの視点でなく、日本からフランスへ渡り、フランス語が堪能になった日本人の友人が、フランスで生活する中でどのような点につまずいたかを徹底的にヒアリングし、そこで得た気づきも反映しています。

　ここでお伝えしておきたいのは、この本はフランス語の教科書ではないということです。なので、本書1冊でフランス語の知識を網羅的に学ぶことはできません。

　しかし、リアルな会話で役立つ知識を、興味がつきないトピックで、世界一楽しく学ぶことができます。

　「フランス語、一回挫折しているんだよね」「何となくフランスに興味はあるけど、フランス語は難しそう」。そんな方でも必ず読み通すことができる本になっています。

　それでは、前置きはこれぐらいにして、ふだん僕たちは bonjour ではなく何と挨拶するのか、楽しみにページをめくってみてください。

2023年11月　Bebechan

本書の使い方

本書は2つのコースで読むことができるので、ぜひ、好みに合った方法でご堪能ください。

フルコース

　本書の魅力を存分に味わっていただけるコースです。**Topicの新鮮で興味深いフランス文化を味わっていただき、そのまま会話で使えるLessonをご堪能ください。**常に新しい発見でフランスへの愛を高めてくれるTopicを糸口とすることで、何の抵抗もなく、フランス語の知識が頭に入っていきます。**コースの最後は、これまでに紹介したTopicとLessonでの文法や発音知識、全てを織り交ぜたDialogueで締めとなります。**各Dialogueは全てYouTubeと連携した動画になっており、これまで学んだことがいかにリアルな文化や言葉であったかを体感いただけます。このDialogueでプチ（Petit）留学の気分を味わうことができます。

Topicコース

　どうしてもフランス語が難しいと感じてしまう方へ向け、Topicのみを厳選した贅沢なコースです。**本書を読む際に、Lesson項目を飛ばし、Topicのみを味わってください。**各Topic、特にPart 1のものは言葉に関連したTopicになっているので、こうしたTopicを味わうだけでも、フランス語に対する抵抗感が薄まっていくはずです。**締めは、こちらもDialogueで、自分が学んだTopicだけでも良いので、動画でどのように使われるかを観ることで、リアルなフランス語を堪能できるはずです。**たとえば、動画の導入にBonjourが使われているかどうかなど、自分でちょっとしたテーマを持ってみると、より美味しくDialogueを味わっていただけます。このコースに沿って、1冊を読み終えた段階で、2周目は自分の気になるLessonを読むなど、少しずつフランス語を学んでいただくスタイルを取れることが本コースの醍醐味となっています。

●本書には、巻末ボキャブラリーを収録しています。本文で解説されていない単語や、様々な例文を参照して使い方を学んだ方が良い単語を掲載しているので、ぜひご活用ください。巻末ボキャブラリーには「三人称単数現在形」のような難しい言葉が記載されていますが、まずはその単語の意味がわかれば問題ありません。上記のような文法用語は、さらに深い学習を進めていく上で、役立ってきます。

本書の特別音声と動画について

　本書に収録されているフランス語を著者が読み上げた音声を聴くことができます。**実際にフランス人が会話で話すときのリアルなトーンにこだわって収録しているので、音声を聴きながら発音してみることで、「リアルなフランス語」を身につけることができます。最初のうちはルビを頼りにし、慣れてきたら、なるべく音声に近づけるよう音読することで、効果的にフランス語の発音を身につけることができます。**

　各PartのDialogueについては、著者のYouTubeチャンネルと連動した動画もご覧いただけます。**音声だけでなく、どんな表情や身振り手振りで会話をしているのか、「リアルな会話の雰囲気」まで体験できるようになっています。**

　各例文、Dialogueの音声については記載されている注意事項をよくお読みいただき、下記のサイトから無料ダウンロードページへお進みください。

https://www.kadokawa.co.jp/product/322303002014

　上記のURLへパソコンからアクセスいただくと、mp3形式の音声データをダウンロードできます。「フランス人はボンジュールと言いません」のダウンロードボタンをクリックしてダウンロードし、ご利用ください。音声のトラック名は本文中の 🔊 マークの番号と対応しています。

　abceedアプリとの連携により、スマートフォン再生にも対応しています。詳細は上記URLへアクセスの上、ご確認ください（ご使用の機種によっては、ご利用いただけない可能性もございます。あらかじめご了承ください）。

　各Dialogueの動画については、該当ページのQRコードを読む込むことで、ご覧いただけます。

- 音声のダウンロードはパソコンからのみとなります（再生はスマートフォンでも可能です）。携帯電話・スマートフォンからはダウンロードできません。
- 音声はmp3形式で保存されています。お聴きいただくにはmp3ファイルを再生できる環境が必要です。
- ダウンロードページへのアクセスがうまくいかない場合は、お使いのブラウザが最新かどうかをご確認ください。
- フォルダは圧縮されていますので、解凍した上でご利用ください。
- なお、本サービスは予告なく終了する場合がございます。あらかじめご了承ください。

CONTENTS

Les Francais n'utilisent pas bonjour

Part 3 フランス人のリアルな恋愛

Part

1

フランス人の
リアルな
言葉

*Le vocabulaire authentique
des Français*

Topic

\ 1 /

フランス人は
bonjourと言わない？
ボンジュール

学べる表現 🔊))01-01

bonjour、salut、hey、coucou
ボンジュール　サリュ　ヘイ　ククー

↳ 様々な挨拶に使えます。

---

bonjourは礼儀
ボンジュール

「フランス人は bonjour と言わない」。ちょっと言いすぎかもしれないね（笑）。

　もちろん、フランス人が全く bonjour と言わないわけではないのですが、**皆さんが想像するより少ない頻度でしか使わないんです。**

　bonjour は、レストランやお店に入り、店員さんに挨拶するとき、自分が住んでいる建物で知らない人に会って挨拶するとき、恋人の両親に初めて挨拶するときなど、比較的フォーマルな場面で使われます。これは相手に対して、距離感や敬意を表すためです。ちなみに、ある日本人の友人がお店に入る際に、ボンジュールと言い忘れて怒られた、というエピソードを聞いたことがあります。

● bonjourはちょっとかしこまった場で使われる ●

　つまり、「礼儀」として使われる場面が多いのです。なので、観光旅行などでフランスへ行ったことがある方は、bonjour と挨拶されることが多かったのではないでしょうか？　こうした場面では、きちんと bonjour を使ってください。それが礼儀だからです。

　しかし、どんな場面でもこの bonjour を使うかというと、そうではありません。

● 親しい人にbonjourとは言わない ●

知り合いや友人にする挨拶で bonjour（ボンジュール）と言うことはありません。本当に、絶対ない（笑）。

友達や知り合いと会ったときに bonjour（ボンジュール）と言うと、わざと丁寧に言うことで、笑わそうとしているのかな？　と思われてしまいます。

僕の妻はことみっていうんだけど、彼女に bonjour（ボンジュール）と言うと、「ごきげんいかがですか？　ことみ様」って言っているような感じに聞こえる。

先程ご説明したとおり、bonjour（ボンジュール）には礼儀としての側面があるので、友人や知り合い同士で使うことで違和感が出るわけです。

こうした場面で使われるのは、salut（サリュ）、hey（ヘイ）、coucou（ククー）という挨拶です。

p.80の動画を見てもらえれば、友人同士ではこうした言葉を使って挨拶することを体感いただけると思います。

会社の上司に使うのはbonjour（ボンジュール）とsalut（サリュ）どっち？

それでは、ここで皆さんに問題です。会社の上司には bonjour（ボンジュール）と salut（サリュ）、どっちを使うことが多いでしょうか？

正解は、「相手による」です（笑）。

仕事場で、しかも上司なので、bonjour（ボンジュール）を使うのではないかと考えた方が多いと思うのですが、salut（サリュ）を使うケースもあります。
上司に対してかしこまった雰囲気を出さないのはおかしいと思うかもしれませんが、フランスでは上司とフランクな関係、ときには友人のような関係になることもあります。

　日本の会社には先輩、後輩、あるいは上司、部下という明確な立場とそれぞれの接し方があると思いますが、フランスにこういった概念はあまりありません。

　僕がフランスで初めて就職したとき、上司はなるべく僕に対してフランクに接するように言っていましたし、友人に近い関係性となり、彼の私用の携帯番号を教えてもらっていました。

　当然、彼と挨拶するときは bonjour ではなく、salut や hey といった言葉を使っていました。

　bonjour がかしこまった言葉なのであまり使われないということもあるのですが、それに加えて、フランスではかしこまった雰囲気になる場面が日本と比べると少ないということもあり、bonjour という言葉を聞くことがあまりないのです。

言葉ではなく文化からフランス語を学ぶ

　辞書に載っている単語の意味だけではなく、その言葉がどのようなニュアンスで、どんな文化の中で使われているかをリアルに見ていくと、その言葉がグッと身近に感じられませんか？

　ここまで読んだだけで、皆さんの中で漠然としていた bonjour がハッキリとしたイメージを持ち、salut や hey という友人同士で使う挨拶もスッと頭に入ってきたのではないでしょうか？

　こんなふうに、フランス人のリアルな感覚や、「ふ〜ん」と思えるような文化の違いから迫っていくことで、驚くほど簡単にフランス語は身についてしまうのです。

教科書で習わない主語の話

ふだん使われない主語

　教科書で習うけれど、実際にはあまり使われない言葉というのはたくさんあります。よく使われる代名詞にそんな言葉があります。

　日本語と違い、フランス語では主語を言わないことがありません。たとえば、「買い物へ行く」ということを言いたいとき、フランス語では次のように言います。

ジュ　ヴェ　フェール　レ　クールス
Je vais faire les courses.　🔊 01-02
私は買い物に行く。

　日本語では、必要がなければ「私は」とわざわざ言いませんが、フラン
ス語では「私は」という意味の je を省略しません。**今の段階では** vais や
フェール　レ　クールス
faire、les、courses **などがどういう意味なのだろうということを考えす
ぎないでください。**

　**本書ではこれからフランス語の例文が何度も登場しますが、その度に、
この例文ではここだけわかれば OK ということをきちんと説明していきます。**
　**ですので、例文の全てをいきなり理解する必要はなく、説明のある部分
だけわかれば大丈夫です！**

　なんでもかんでも最初から完璧にしようとすると、フランス語自体が嫌
になってしまうので、少しずつフランス語に慣れていきましょう。……話
を戻します。

このようにフランス語では主語が省略されないので、「私」や「私たち」、「彼」「彼女」といった代名詞を主語として使うことが多くなります。

Je（ジュ）	私
Tu（テュ）	君、あなた　※親しい相手に使います
Il/Elle/On（イル エル オン）	彼／彼女／人
	※onは「私たち」という意味で使われることもあります
Nous（ヌ）	私たち
Vous（ヴ）	君、あなた、君たち、あなたがた
	※tuの「あなた、君」より丁寧なニュアンスが出ます
Ils/Elles（イル エル）	彼ら／彼女ら

（🔊))) 01-03）

そして、この中に1つだけ、学校などでは習うのですが、ほとんど使わない言葉があるのです。

それは……、nous（ヌ）です！

nous（ヌ）は「私たち」という意味の代名詞として教えられるのですが、実際にふだんの会話で使われることはほとんどありません。

実はこれは、僕の友人である日本人の学生が、フランスへ行ったときに気づいたことです。

フランス語には on（オン）という、その場にいる人を漠然と表す便利な代名詞があり、On va au café?（オン ヴァ オ カフェ）（カフェにでも行かない？）のように使われます。

ここで on（オン）はその場にいる人、つまり「私たち」と同じ意味なのですが、nous（ヌ）よりも軽く言いやすいということもあり、わざわざ nous（ヌ）を使う必要がないのです。

代名詞のようなとっつきにくい項目についても、どんなふうに使われるのか、そもそも使う場面があるのかどうかといったリアルな視点から見ていくことで、楽しみながら学べませんか？

　だって、普通に代名詞だけ覚えるの、面白くないですもんね。

● nousはあまり使われない ●

topic

\ 2 /

言葉をおならのような
音にしてしまう
フランス人

学べる表現

めんどくさいLevel 0: Je ne sais pas.
_{ジュ ヌ セ パ}

めんどくさいLevel 1: Je sais pas.
_{ジュ セ パ}

めんどくさいLevel 2: Ch'ais pas.
_{シェ パ}

めんどくさいLevel 3: Ch'pas.
_{シュ パ}

めんどくさいLevel 4: おならのような音

⌐▶ フランス語における省略のニュアンスが
理解できます。

省略しすぎなフランス人

日本語でも言葉を省略することがあると思いますが、フランス人はかなり極端にラクしようとします（笑）。

たとえば、「私は知りません」は次のように言います。

ジュ ヌ セ パ
Je ne sais pas.

<ruby>je<rt>ジュ</rt></ruby> は Lesson 1で学びましたね。

……えっ、忘れてしまった？

大丈夫！
　この本ではなるべく、日常会話で使われるフランス語は繰り返し例文に入れるようにしているので、1回で覚えられなくても、繰り返し見る中で、少しずつ覚えていくようにしてください。

　<ruby>je<rt>ジュ</rt></ruby> は「私は」という意味で、sais は「<ruby>知<rt>し</rt></ruby>る」という意味です。

> <ruby>Je<rt>ジュ</rt></ruby> <ruby>sais.<rt>セ</rt></ruby>

で、「私は知る」という意味なのですが、例文では

> <ruby>Je<rt>ジュ</rt></ruby> <ruby>ne<rt>ヌ</rt></ruby> <ruby>sais<rt>セ</rt></ruby> <ruby>pas.<rt>パ</rt></ruby>

のように sais が「<ruby>ne<rt>ヌ</rt></ruby>」と「<ruby>pas<rt>パ</rt></ruby>」に挟まれています。

　この「<ruby>ne<rt>ヌ</rt></ruby>」と「<ruby>pas<rt>パ</rt></ruby>」で動詞を挟むことで、否定の意味になります。ここでは sais（<ruby>知<rt>し</rt></ruby>る）を挟んでいるので、

> <ruby>Je<rt>ジュ</rt></ruby> <ruby>ne<rt>ヌ</rt></ruby> <ruby>sais<rt>セ</rt></ruby> <ruby>pas.<rt>パ</rt></ruby>
> 私は知らない。

となるわけです。

　フランス人はめんどくさがり屋なので、ふだん使う文をどんどん短くしていきます。

　まず ne を取ってみますが、意味は何も変わりません。

> **Je sais pas.**
> （ジュ　セ　パ）

　そして je、sais は毎回言うのが大変ですから（笑）、ch'ais とくっつけて読んでしまいます。ch'ais は発音を表すためにこう書いていますが、実際にこういった単語があるわけではないので、綴りは気にしないでください。一気にここまで短くなりました。

> **Ch'ais pas.**
> （シェ　パ）

　じゃあ、もうわざわざ ais を入れる必要もないですね（笑）。

> **Ch'pas.**
> （シュ　パ）

　読み方は「シュパ」となります。

　Je ne sais pas. と言う代わりに Ch'pas. と言っても、あなたのフランス語を理解できないというフランス人は存在しません。

　そして、この Ch'pas. に似た、おならのような音で、「私は知りません」といった意味も表現できるのです。どんな音か知りたい人は、本書についている音声で確かめてみてください。

> 私は知りませんという意味の音

この省略をレベル別に分けると、次のようになります。

> めんどくさいLevel 0: Je ne sais pas.
> ジュ ヌ セ パ
> めんどくさいLevel 1: Je sais pas.
> ジュ セ パ
> めんどくさいLevel 2: Ch'ais pas.
> シェ パ
> めんどくさいLevel 3: Ch'pas.
> シュ パ
> めんどくさいLevel 4: おならのような音
>
> 🔊 02-01

省略は「自然さ」の表れ

ここでお伝えしたいのは、省略は自然なことであるということです。

会話では多くの場合、この否定形の ne は省略されます（書き言葉では省略されません）。

上記のうち、私たちは Level 0の「Je ne sais pas.」は、ほとんど言いません。使うとしても、Level 1 ～ 4までのものになります。

このことを証明するエピソードを1つお伝えしましょう。これはフランスに住んでいる日本人の女友達から聞いた話です。

彼女はたまに男の人から声をかけられることがあるそうなのですが、そうした人をあしらうときに次のように言うそうです。

> ジュ ヌ パルル パ フランセ
> **Je ne parle pas français.**

また、je が出てきました。皆さん、もう je を覚えられましたか？

まだ覚えられない？　大丈夫！　まだまだたくさん出てくるので、安心してください。

次こそ覚えてくださいね（笑）。

je は「私」という意味ですね。parle は「話す」という意味の動詞です。 そして、français は「フランス語」という意味です。

なので、

> ジュ ヌ パルル パ フランセ
> **Je ne parle pas français.** 🔊 02-02
> 私はフランス語を話せません。

という意味になります。

ここでポイントとなるのは、彼女が「私はフランス語を話せません」と言って男の人をあしらっていることではなく、ne や pas を省略せずに、「私はフランス語を話せません」と言っていることなのです。

> ジュパルル パ フランセ
> **J'parle pas français.** 🔊 02-03

ネイティブなら上記のように、ne を省略し、je と parle をくっつけて発音します。

ne を省略しないということは、そこまでフランス語が得意ではないのかな？　という印象を相手に与えることができ、声かけをうまくあしらえるというわけです。

● neを省略しないだけで、ちょっとしたつたなさが出る ●

　実際は、彼女はとてもフランス語が堪能な人で、それをわかっていて、あえて ne をつけているわけです。

　つたなさを演出するために ne をつける。

　こういったテクニックがあるほど、ne を省略することは自然なことなんです。慣れないうちから ne を抜く必要はないと思いますが、相手が省略したときに慌てないためにも、この省略を知っておくことはとても大切です。

フランス語の語順

フランス語の文章の形

　もともとの形を省略しがちなフランス語ですが、ここで基本的な語順を覚えておきましょう。

　フランス語の語順は英語と似ています。

🔊))) 02-04

　　　ジュ　　　パルル　　フランセ
Je　　parle　français.
私　　　話す　　　フランス語
主語　　動詞　　　目的語

私はフランス語を話します。

　まずは、主語、動詞、目的語、この順番を頭に入れておきましょう。

　ただ、「フランス語は主語、動詞、目的語」と暗記しないでくださいね（笑）。そうでないものもあとで出てきます。

　これからたくさん例文を紹介していきますので、そうした例文を見るときに、余裕があればこれが主語で、これが動詞で、これが目的語かな、と考えてみてください。

　英語であれば、学校で習ってきたので、I や he といった言葉を見て、それが何を意味するかわからない人はいないと思うのですが、フランス語が初めての人はほとんどの単語が見慣れないものばかりなので、**何となくでも、「最初に主語が来て、動詞が来て、そのあとに目的語」といった頼りにするものができると、フランス語の文章が読みやすくなります。**

もちろん文の形はこれだけではないですが、まず、この形を頭に入れるだけで、意味のわからない言葉の羅列だったフランス語との距離がちょっと近くなるはずです。

　ちょっと試しにフランスっぽい例文で練習してみましょう。

> イル マンジュ アン クロワッサン
> **Il mange un croissant.**

　さて、どれが主語でしょうか？　あえて、日本語訳はつけていません。p.17で紹介した代名詞の中にヒントがありますよ。

　見つかりましたか？　**主語は「彼」という意味の il ですね**。次は何が来るのでしたっけ？　そう、動詞ですね。mange が「～を食べる」という意味の動詞です。そうすると、最後に来るのは目的語の croissant ですね。un については p.52で解説するので、今はスルーしてください。

> イル マンジュ アン クロワッサン
> **Il mange un croissant.**
> 彼はクロワッサンを食べる。

　では、もう1つフランスっぽい例文でやってみましょう。

> テュ エーム レ マカロン
> **Tu aimes les macarons.**

　もう主語はパッとわかってしまうのではないでしょうか？　p.17の**代名詞の中にある、「あなた」という意味の tu が主語です**。そして、「～が好き」という意味の aimes が動詞となり、macarons が目的語になります。les については、これも後ほど紹介するので、今はわからなくて大丈夫です。

> **Tu aimes les macarons.**
> テュ エーム レ マカロン
> あなたはマカロンが好き。

　最後にちょっと難しいけれど、皆さんがよく使うことになる例文をやってみましょう。

> **Je suis japonais.**
> ジュ スイ ジャポネ

　主語はもう何度もやっているので、わかりますね。「私」という意味の je です。そのあとの suis が動詞となります。そうすると、目的語は japonais と考えたくなるところですが、japonais は目的語ではありません。

> **Je suis japonais.**
> ジュ スイ ジャポネ
> 私は日本人です。

　皆さんはこの文だけ先程見た2つの文章と、何か違うということに気づきましたか？

> 🔊))02-05
> **Il mange un croissant.**
> イル マンジュ アン クロワッサン
> 彼はクロワッサンを**食べる**。
> **Tu aimes les macarons.**
> テュ エーム レ マカロン
> あなたはマカロン**が好き**。
> **Je suis japonais.**
> ジュ スイ ジャポネ
> 私は日本人**です**。

動詞の働きが違うように思いませんか？

「〜を食べる」という意味の mange、「〜が好き」という意味の aimes、それぞれ〜の部分に目的語を取っていますが、今回の suis は、「〜です」という意味の動詞になっています。

　皆さんにより馴染みのある英語に置き換えて考えてみると、**mange** が **eat、aimes** が **like** といった目的語を取る動詞で、**suis** が **am**、つまり **be 動詞に当たるものだと考えるとわかりやすいですね。**

　このようにフランス語にも mange や aimes のように目的語を取る動詞と、suis のように英語の am、are、is と同じ be 動詞的な働きをする動詞があるのです。

　つまり、フランス語の文の形には先程の「主語　動詞　目的語」といった形だけでなく、「主語　動詞（be 動詞）　属詞」といった形もあるというわけです。属詞という難しい言葉が出てきましたが、ここでは主語の状況を説明する言葉という程度の理解で構いません。

　ひとまず、この2つの形を何となく頭に入れておけば大丈夫です。

　この be 動詞的なフランス語の動詞については次の Lesson で詳しく見ていきますので、安心してください。

topic 3

なんにでもpetit（プティ）を つけるフランス人

学べる表現

petit（プティ）

→ **フランス人らしく、控え目にものごとを伝えることができるようになります。**

全て「控えめ」にしたがるフランス人

フランスの歴史上最も衝撃的な出来事は、1789年から1799年にかけて起こったフランス革命でした。

市民によって体制が転覆し、その象徴であった国王が殺されたことで、体制に抗うことが尊重され、不満があればいつでも街頭でデモをし、ストライキを起こすことが当たり前のこととなっていきました。

そんな背景があるからか、一般のフランス人はお金持ちや権力者に対して斜に構えることが多く、高価な車や服で豊かさを誇れば、周りからあまりよく見られない、そんな文化が根づいていきました。

おそらくそうしたことから、フランス人は無意識のうちに、そんなに恵まれてない、そこまで贅沢してない、と決して自分が傲慢に見えないように、全てのことを控えめに言うようになっていったのです。

……。

ちょっとした物語みたいだね（笑）。

実際にフランスではどこへ行っても、「小さい、ちょっとした」という意味の petit という言葉が聞こえてくるのです。

たとえば、コーヒーを飲んだとき。

> ジェ　プリ　アン　プティ　カフェ
> **J'ai pris un petit café.** 🔊 03-01
> ささやかなコーヒーをいただきました。

ここでは、café という名詞の前に petit（ちょっとした）という形容詞が来ているということだけわかれば問題ありません。以降の例文も同様で、petit とそのあとの名詞の意味を何となく取れれば OK です。

レストランへ行ったことを話すとき。

> オン　セ　フェ　アン　プティ　レスト
> **On s'est fait un petit resto.** 🔊 03-02
> 私たちは**小さなレストラン**に行きました。

家でパーティーをするとき。

> ジュ　フェ　ユヌ　プティット　フェート　シェ　モワ　ス　ソワール
> **Je fais une petite fête chez moi ce soir.** 🔊 03-03
> 家で**ささやかなパーティー**を行います。

私の両親はクルーズに乗ったことを話すとき、

> オン　ナ　フェ　ユヌ　プティット　クロワジエール　セ　テ　スュペール
> **On a fait une petite croisière, c'était super.** 🔊 03-04
> 私たちは**ちょっとしたクルーズ**をしたの、素晴らしかったわ。

と言っていました。
ちょっとしたクルーズなんてないと思うんだけど……。

● クルーズにもpetit（プティ）をつける ●

> On a fait une petite croisière, c'était super.

> Petite Croisière?

ところで、パーティーとクルーズの例文ではpetit（プティ）の形がpetite（プティット）に変わっているのに気づきましたか？

ここで深掘りすると話がややこしくなるので、後ほど詳しく説明しますが、**フランス語は前後に来る単語によって、形が変化するものが多い言語なので、このことだけでも頭の片隅に入れておいてください。**

とにかく、こんなふうにフランス人はなんに対しても petit（プティ）をつけて話すので、フランスのカフェでデザートを頼もうとするときは、友人に

オン ブラン アン プティ デセール
On prend un petit dessert?　◀))) 03-05
ちょっとしたデザートを食べようか？

と言ってみてください（笑）。

おかしいと思うかもしれないけど、冗談じゃなくて、僕も友人にデザートを食べようかと言うときは、絶対に petit（プティ）をつけます。

Lesson 3

be動詞的に使われるêtre

6つも活用がある être

　Lesson 2の最後にちょっとだけ登場した動詞、être について学びましょう。être は英語の be 動詞に当たるもので、「(主語が) 〜です」といった意味で使われますが、主語によって次のように変化していきます。

Je suis 〜.　私は〜です。　　　　　　　　　🔊)) 03-06

Tu es 〜.　あなたは〜です。

Il est/Elle est 〜.　彼／彼女は〜です。

Nous sommes 〜.　私たちは〜です。

Vous êtes 〜.　あなたたちは〜です。

Ils sont/Elles sont 〜.　彼ら／彼女らは〜です。

　こんなに活用があって、フランス語って覚えやすいね (笑)。
　p.27の「私は日本人です」という意味の例文、Je suis japonais. は主語が je なので、suis となっているわけです。nous の代わりに「私たち」という意味でふだん使われる on は活用が複雑になることがあるので、今後、動詞の活用を紹介するときに掲載しませんが、「基本的には il と同じ形になる」と思っていただいて構いません。もちろん、例外もあるのですが、深掘りしだすと、かえって混乱してしまうので、本書では活用表に載せません。
　フランス語は動詞の活用が細かく分かれています。英語では be 動詞の変化って am、are、is の3つしかないと思うんだけど、フランス語にはその倍もある。これだけ見ると、フランス語を話す気がなくなってしまうかもしれないけれど、大丈夫!　こういった活用が出てきたときも、これま

でと一緒で一気に全部覚えようとしないでください。言葉は暗記じゃなく、その文化に対する理解や感情から自分に馴染んでいくものなので、ここでもいきなり全ての活用を覚えるのではなく、出てきた例文の動詞が être のどれに当たるかを前ページの表を見ながら理解できれば、それで十分です。

　なので、ここでは être が、主語に合わせて色々と形を変えるということがわかれば問題ありません。

　この être と先程紹介した petit を合わせれば、次のような文を作ることができます。

> **Le chat est petit et mignon.** 　🔊))) 03-07
> 猫は小さくてかわいいです。

　ここでは、chat が「猫」という意味、est が be 動詞的な être、petit が「小さい」という意味となっていることがわかれば大丈夫です。

3大よく使うフランス語の動詞

　そして、この être と同じくらい大切なのが、avoir と aller という動詞です。この3つは、3大よく使うフランス語の動詞といっても過言ではないので、チェックしておきましょう。

　être が英語の be 動詞的なものであれば、avoir と aller はそれぞれ have と go に当たるもので、動詞の中でもとにかくよく使われます。

「〜を持つ」という意味の avoir

　まず、avoir、これは「〜を持つ」という意味の動詞ですが、物理的に何かを持っているという場合だけでなく、色々なシーンで使うことができます。

本当に大事な動詞なので、まず活用形を見ておきましょう。

J'ai ～. 私は～を持っています。
ジェ

Tu as ～. あなたは～を持っています。
テュ ア

Il a/Elle a ～. 彼／彼女は～を持っています。
イラ エ ラ

Nous avons ～. 私たちは～を持っています。
ヌ ザヴォン

Vous avez ～. あなたたち（あなたがた）は～を持っています。
ヴ ザ ヴェ

Ils ont/Elles ont ～. 彼ら／彼女らは～を持っています。
イルゾン エルゾン

🔊))) 03-08

ふだんの会話ではこんなふうに使えます。

J'ai tous les CD de Kobayashi Sachiko.
ジェ トゥ レ セ デ ドゥ コ バ ヤ シ サ チ コ

私は小林幸子さんのCDを全て持っています。

※僕は小林幸子さんの大ファンです！

🔊))) 03-09

tous は「全ての」という意味の tout の複数形です。その他の les や
トゥ トゥ レ
de についてはここではどのような意味かわからなくて大丈夫です。J'ai
ドゥ ジェ
のあとに「全ての小林幸子さんの CD」という意味の言葉が入っている、
この文の形だけわかれば問題ありません。

　この avoir で、自分の年齢を表現することもできます。
アヴォワール

J'ai 33 ans.
ジェ トゥラン トロワザン

私は33歳です。

🔊))) 03-10

ans はとても大切な単語なので、ここで少し学んでおきましょう。an は
アン アン

年を数えるときの時間の単位で、ans はその複数形です（複数形の s は発音しません）。ここでは、「33歳」なので、33 ans となります。このように、フランス語では「33の年を持っている」という言い方をするのです。

　年齢だけでなく、「〜年」といった年数も表すことができ、

Je vais en France dans　3 ans.
ジュ　ヴェ　アン　フランス　ダン　トロワザン

私は**3年**後にフランスへ行きます。

🔊))) 03-11

のように使うことができます。
　ここでは vais、en France、dans についてわからなくても構いません。
3 ans が「3年」ということがわかれば十分です。
　ちなみに vais はこのあと、すぐに出てくるので頭の片隅に入れておいてください。
　さらに、次のような使い方もあります。

J'ai mangé un croissant.
ジェ　マンジェ　アン　クロワッサン

クロワッサンを食べました。

🔊))) 03-12

---

　ai が「持つ」という意味の動詞なのに、そのあとに「食べる」という意味の manger の過去分詞の mangé が来ています。過去分詞についてはそういった動詞の形があるとわかれば大丈夫です。1つの文章に動詞が2つなんて、違和感がありますが、これは英語でいう現在完了形と似た形ですね。
　つまり、上記の文は英語にすると、I have eaten a croissant.（クロワッサンを食べました）となり、ここで ai は mangé と一緒に完了形を作る役割をしています。これは p.133で出てくる複合過去という形で、現在のフランス語では「〜した」という過去の動作を表します。今は、avoir が単なる動詞としてだけでなく、時制を表すために使われることもあるくらい頻出の単語であるとわかれば十分です。

avoir は「自分の気持ちや状態」を表すこともできます。
<small>アヴォワール</small>

J'ai chaud.
<small>ジェ　ショー</small>
暑い。

J'ai froid.
<small>ジェ　フロワ</small>
寒い。

J'ai peur.
<small>ジェ　プール</small>
怖い。

J'ai faim.
<small>ジェ　ファン</small>
お腹が空いている。

🔊)) 03-13

---

　chaud は「暑さ」、froid は「寒さ」、peur は「怖さ」、faim は「空腹」、という意味で ai のあとにこうした名詞をつけるだけで、自分の気持ちや状態を表すことができます。

J'ai envie de 〜.
<small>ジェ　アンヴィ　ドゥ</small>
私は〜したい。

J'ai besoin de 〜.
<small>ジェ　ブズワン　ドゥ</small>
私は〜する必要がある。

🔊)) 03-14

　そして、avoir envie de 〜は、英語の want to 〜のようなもので、「〜したい」という意味になります。また、avoir besoin de 〜、は英語の need to 〜のようなもので、「〜する必要がある」という意味です。

🔊 03-15

ジェ アンヴィ ドゥ ドルミール
J'ai envie de dormir.
私は眠り**たい**。

ジェ ブズワン ドゥ フェール アン レジーム
J'ai besoin de faire un régime.
私はダイエット**する必要がある**。

ドルミール　　　　　　　　　フェール アン レジーム
dormir は「眠る」、**faire un régime** は「ダイエットする」という意味で、そのままの形で後ろにつければ OK です。

「～へ行く」という意味の aller
アヴォワール
もう1つだけ、avoir と同じくらいよく使う動詞を覚えておきましょう。
アレ
aller（行く）という意味の動詞です。p.35の Je vais en France dans 3
ザン　　　　　　　　　　　　　　　　　　　　　　　　　　　ヴェ
ans.（私は3年後にフランスへ行きます）という例文にも vais という形で出ていましたね。

まずは活用を見てみましょう。

🔊 03-16

ジュ ヴェ
Je vais. 私は**行きます**。
テュ ヴァ
Tu vas. あなたは**行きます**。
イルヴァ エルヴァ
Il va/Elle va. 彼／彼女は**行きます**。
ヌ ザロン
Nous allons. 私たちは**行きます**。
ヴ ザレ
Vous allez. あなたたちは**行きます**。
イルヴォン エルヴォン
Ils vont/Elles vont. 彼ら／彼女らは**行きます**。

友人と街中でバッタリ会って、「どこに行くの？」と聞かれ、「～へ行きます」と答えるときに使われます。

> **Tu vas où?**
> テュ ヴァ ウ
> 🔊))) 03-17
>
> どこに行くの？
>
> **Je vais à la soirée d'un ami.**
> ジュ ヴェ ア ラ ソワレ ダン ナミ
>
> 友人のホームパーティーに**行きます**。

　ここでは Je vais で「〜へ行く」という意味、それ以降が「友人のホームパーティーに」という意味だとわかれば十分です。他には、何かを行おうとしていることを表すことができます。

> **On va boire un coup.**
> オン ヴァ ブワール アン クー
> 🔊))) 03-18
>
> 一杯**やりましょう**。

　boire は「〜を飲む」という意味なのですが、この場合は **va** が「〜に行く」という意味では使われていません。

　ここでは英語でいう be going to 〜（〜する予定）に近い使われ方です。
　細かいことまではわからなくても良いので、ここでは「〜する予定だ」「これから〜するつもり」というように「近い未来」を表すときに「aller + 動詞」という形が使われるとわかれば OK です。on は p.17で学んだものと同じですね。

　ここで p.32 〜 p.38で紹介した例文を改めて振り返ってみてほしいのですが、3つの動詞を覚えるだけで、こんなにたくさんのことをフランス語で言えるようになるんです。

　こんなに得なことはないですよね？

　なので、動詞はまずこの3つを覚えることから始めてみてください。

\ 4 /　英語の有名な
あの言葉みたいな、
putain
（ピュタン）

学べる表現

putain
（ピュタン）

→ 自分の感情をリアルに表現することが
できるようになります。

魔法の言葉putain（ピュタン）

　僕の友人に、フランス人とつきあっている日本人女性がいます。

　彼氏がフランス人の友人をよく家に呼ぶため、彼氏とその友人が楽しそうにフランス語で話しているのを何となく聞くことがよくあるそうです。

　彼女が話せるのは日本語と英語なので、彼氏もその友人もふだんは英語で話してくれるのですが、フランス人同士ということもあり、会話が盛り上がるとフランス語になってしまうことがよくありました。

　そうすると、彼女はいつも置いてきぼりをくらった感じになってしまうのですが、ある日、何とか理解できるところはないかと、飛び交うフラン

ス語に集中して耳を傾けてみたそうです。

　彼女が知っているフランス語といえば、bonjour くらいだったのですが、彼氏とその友人が話すフランス語を集中して聴いていると、1つだけ必ず聞こえてくる単語がありました。

　それが putain です。

　フランス語をほとんど知らない彼女の耳にも、putain という単語だけは届くほど、そこにいたフランス人たちは putain という単語を連発していたのです。

　そこで、彼女は冗談で皆の真似をして、putain と言ってみました。

　すると、それまで盛り上がっていた彼氏も、その友人も、急に顔色を変えて「そんな気軽に使っちゃだめ！」と英語で彼女に注意しだしたので、彼女はとてもビックリしてしまいました。

　また、フランスに住んでいる別の日本人の友人はこんなことを言っていました。

　putain を使いこなせば感情の90％を表現できる。

　僕はこれを聞いたとき、本当にそうだなと心から納得したのを覚えています。

　皆さんはこうした話から、putain がどんな意味を表す単語かわかりましたか？

　いきなり意味を教えてしまうより、いくつか putain（ビュタン）が使われるシーン
を紹介する方がわかりやすいでしょう。最初は日本語の意味を書かないの
で、推理してみてください。

　あなたは今夜、友人の家で開かれるパーティーを楽しみにしています。
しかし、突然、友人から電話が入り、

> **La soirée est annulée ce soir.**（ラ ソワレ エ タニュレ ス ソワール）
> 今夜のパーティーは中止だって。

と言われてしまいました。

　**この例文のフランス語がそれぞれどんな意味かわからなくても OK で
す。以降のこの Topic の例文でも、putain（ビュタン）以外の意味はわからなくても
問題ありません。**
　話を戻しましょう。
　突然、友人とのパーティーが中止になってしまった。あなたがフランス
人だったら、こんなとき思わず、

> **Putain.**（ビュタン）

と言ってしまうのです。

　反対に、こんな場面でも putain（ビュタン）は使われます。

　友人が高額の宝くじに当たりました。

> テュ ア ガニエ オ ロト
> **Tu as gagné au loto!**
> 君の宝くじ、当たってたよ!

と喜んでくれる友人にあなたが一言。

> ビュタン
> **Putain!**

と言います。

同じようなシチュエーションでは、次のようなものもあります。

> オン ネテ ドゥサン オル パ ディエール
> **On était 200 au repas d'hier'.**
> 昨日の食事会、200人来たよ。
> ワォ ビュタン
> **Wow putain!**

　あとは、僕がもし、何か物を床に落としたりしたら、とっさに putain（ビュタン）と言ってしまいます。

　いかがですか？　皆さんも、putain（ビュタン）がどんな意味かわかってきたのではないでしょうか？

　それぞれ、日本語の意味は次のようになります。

🔊))) 04-01

La soirée est annulée ce soir.
今夜のパーティは中止だって。

Putain!
マジかよ!

Tu as gagné au loto!
君の宝くじ、当たってたよ!

Putain!
マジかよ!

On était 200 au repas d'hier'.
昨日の食事会、200人来たよ。

Wow putain!
おー、マジで!

床に物を落としてしまった……。
Putain!
くそ!

　このように、期待外れで、「何だよ!」って思う気持ちや、期待を超えた良いことに「マジか」と驚く気持ち。あるいは物を落としてしまって、思わず口から出てしまう汚い言葉として putain は使われるのです。

　英語でいうと fuck に近い位置づけですね。

　主に感情が大きく動くときに使うので、友人や親しい人との会話で連発することになる言葉です。

　他には、こんなふうに何かを強調するときにも使えます。

C'est putain de bon!
めっちゃ美味しい！

Putain c'est trop bien!
めちゃくちゃいい！

C'est putain de cher!
クソ高い！

　ここでは、「美味しい」という意味の bon、「良い」という意味の bien、「値段が高い」という意味の cher を putain が強調する働きをしています。

　英語の fuck も、Fucking great!（めっちゃすごい！）といったように、「すごい」という意味の great を fucking が強調する形で使われることがありますが、それに似ていますね。

　putain はフランス語を始めたばかりの頃に使うには難しい言葉で、あまり使いすぎると、場面によっては失礼な言い方になってしまうので注意しましょう。なので、皆さんが積極的に使う必要は全くありません。ただフランス人と会話をすればよく聞く単語なので、存在と意味を知識として知っておくことはとても重要です。

　ちなみに、あるフランス人俳優がオスカーを受賞したとき、スピーチの最後に次のように言っていました。

Oh putain, génial, merci!
ああ、**ヤバい**、いいね、ありがとう！

　こんなふうに感情が高まったときは、一言、putain と言えばよいわけです。

Lesson 4

名詞の前にも後ろにも置ける形容詞

名詞によって形容詞の位置が変わる

　Lesson 3では、フランス語の語順を学びましたが、ここでは形容詞の語順について学びましょう。

　形容詞は名詞を説明するために使われます。

> アン　パンタロン　ブル
> **un pantalon bleu**
> 青いズボン

　pantalon が「ズボン」、**bleu** が「青い」という意味です。**un** については後ほど説明いたしますので、ここではスルーします。

　日本では形容詞は名詞の前に置かれますね。

> **青いズボン**
> **美しいドレス**

　日本語ではこの語順が変わることはありません。たとえば、「ドレス美しい」のような語順になることはありません。

　しかし、フランス語では、形容詞によって、名詞の前に置くこともありますし、後ろに置くこともあります。

アン　パンタロン　ブル
un pantalon bleu
青いズボン

ユヌ　ベル　ローブ
une belle robe
美しいドレス

🔊))) 04-04

　青いズボンの例では「青い」を意味する bleu という形容詞が、「ズボン」という名詞の pantalon の後ろに置かれています。

　美しいドレスの例では、「ドレス」を意味する robe という名詞の前に、「美しい」という形容詞の belle が置かれています。

　色の形容詞は必ず名詞を後ろから修飾するといったように、形容詞によって位置が変わってくるのです。簡単でしょう（笑）。
「そうか、形容詞については1つひとつ名詞の前に来るか、後ろに来るのか覚えていかないといけないのか」と思うかもしれませんが、そんなに難しく考える必要はありません。

　先程もお伝えしたとおり、最初から全てのルールを暗記しようとすると、フランス語が嫌いになってしまいます。
　なので今は、形容詞には名詞の前に来るもの、後ろに来るものの2パターンがあるんだとわかれば大丈夫です。

　実際にはフランス語では基本的に形容詞は名詞の後ろにつきます。petit（e）や beau（belle）のように前につくのは例外で、とりあえず前につくものは10程度の語を覚えれば OK です。ほとんどが名詞の後ろに来るもので、たまに名詞の前に来るものもあると頭に入れておくとよいでしょう。

形容詞と一緒に使える putain
　putain de + 形容詞の形で、「ものすごく〜だ」と言うこともできます。

> ### C'est putain de bon!
> 🔊)) 04-05
> これは**すごくいい**（これはめっちゃ美味しい）！

　c'est については、後ほどご説明いたしますので、ここでは putain と bon に集中しましょう。

　「いい」という意味の形容詞である bon を putain が強調し、「すごくいい」という意味になっています。

　このように形容詞にたす形で putain を使うことで、より明確に自分の気持ちを表すことができるようになります。
　ちなみに、形容詞は修飾する名詞が男性名詞か女性名詞かによって、形が変わってしまうのです……。

　そうです、あの悪名高き男性名詞、女性名詞（笑）！

　ただ、この使い分けも皆さんが思うほど深刻なものではないので、安心してください。
　次の Topic ではこの男性名詞、女性名詞の感覚について、フランス人ネイティブの視点からご説明します。

\ 5 /

男性名詞・女性名詞を
間違えると、
ネイティブには
どう聞こえるのか

学べること
ネイティブから見た男性名詞、女性名詞の違い
　↳「**男性名詞・女性名詞恐怖症**」が治ります。

やっかいな男性名詞・女性名詞の違い

フランス語には全ての名詞に性があります。

　英語や日本語といった皆さんが比較的親しみのある言語には、こういった要素がないので、フランス語が難しいと言われる原因の1つはこの男性名詞・女性名詞の区別であるといっても過言ではありません。

　まずは、男性名詞や女性名詞にどんなものがあるかを見ていきましょう。

　「**テーブル**」という意味の table（タ─ブル）は**女性名詞です。**

そして、「包丁」という意味の couteau は男性名詞です。

　ここで、名詞の前についている un や le が気になった方もいらっしゃると思います。前の Topic や Lesson でもちょこちょこ出てきていましたね。

　これは冠詞といわれるもので、Lesson 5で詳しく説明するので、「今は何かついているな～」といった理解で大丈夫です。

　この男性名詞、女性名詞でやっかいなのが、男性がよく使うから男性名詞、女性がよく使うから女性名詞といったわかりやすい決まりがないことです。むしろ、逆のこともあるんですよ。

　たとえば、ブラジャーは男性名詞です。

そして、口髭は女性名詞です。

ユ ヌ ム ス タ ー シュ
une moustache
ラ ム ス タ ー シュ
la moustache

このように、どの名詞が男性か女性かを推測する明確なルールや方法はありませんし、全ての単語の性をただ暗記することは途方もないことなので、そもそもチャレンジしないでください。

　では、実際に男性名詞を間違って女性名詞として使うと、どんなふうに相手に伝わるのでしょうか？

　これは、フランス語のネイティブで、日本語も理解できる僕の視点では、アクセントが違うといった程度の間違いにしか聞こえません。

「ありがとう」という日本語は「り」にアクセントが置かれると思うのですが（あるいはそもそもアクセントをつけないで発音される方も多いですね）、英語圏の方で「ありがとう」の「が」にアクセントを置いて話す人がいると思います。

　このとき、皆さんがどのような印象を受けるか想像していただきたいのですが、おそらく違和感は持つけど、それで何を意味しているかわからないということはないと思います。
　会話していて間違いには気づきますが、意味が取れなくなるほど深刻なものではありません。ただ、相手がその言語のネイティブスピーカーではないのだとわかる程度のことなのです。
　なので、極端に男性名詞・女性名詞の使い方に敏感になる必要はなく、会話をしていく中で、少しずつ慣れていけばいいんです。もちろん使い分け自体はとても大切なことなので、これらを無視して良いというわけではなく、使い分けを意識しすぎて会話が億劫になってしまうのであれば、もう少し肩の力を抜いても良いということです。

Lesson
5

形を変える冠詞

　先程、紹介した男性名詞、女性名詞の前には次のような言葉がついていました。

> ユ ヌ　ターブル
> **une table**
> ラ　ターブル
> **la table**
>
> アン　ク ト ー
> **un couteau**
> ル　ク ト ー
> **le couteau**

　この une、le といった言葉は英語の冠詞、つまり a や the と同じような位置づけです。

　une は英語の a に近い不定冠詞というものなので、

> ユ ヌ　ターブル
> **une table**

で、「あるテーブル」といった、いくつもあるうちの1つのテーブルというニュアンスが出ます。

　そして、la は英語の the と同様の意味を持つ定冠詞というもので、

> ラ　ターブル
> **la table**

で、「そのテーブル」、つまり特定のテーブルというニュアンスが出ます。

ここで注目していただきたいのが、不定冠詞も定冠詞も、男性名詞の前につくときと、女性名詞の前につくときで、違う形になっているということです。

　不定冠詞の un は男性名詞、une は女性名詞の前につきます。
　定冠詞の le は男性名詞、la は女性名詞の前につきます。

　先程、男性名詞と女性名詞の使い方を間違ったらどうなるかというお話をしましたが、実際に間違った使い方がどんなものなのか、想像できなかった方もいたのではないでしょうか？
　男性名詞と女性名詞の使い方を間違うというのは、こうした名詞に対応して変化するものの使い方を間違うという意味になります。先程の冠詞の例でいうと、

> × **un table**

のように**本来、男性名詞の前につく冠詞を、女性名詞の前につけてしまう間違い**です。

　そして、形容詞も修飾するものが男性名詞か女性名詞かで形を変えることがあります。

「小さい」という意味の petit も次のように、変化します。

> **petit** ＋ 男性名詞
> **petite** ＋ 女性名詞

　実際には、次のように使われます。

> アン　ブティ　シヤン
> **un petit chien**　小さな犬
> ※「犬」という意味のchienが男性名詞
>
> ユヌ　プティット　スリ
> **une petite souris**　小さなネズミ
> ※「ネズミ」という意味のsourisが女性名詞
>
> 🔊))) 05-05

また、「美しい」という意味の形容詞は男性名詞を修飾するか、女性名詞を修飾するかで、形が大きく変わります。

> ボー
> **beau** ＋ 男性名詞
>
> ベル
> **belle** ＋ 女性名詞

> アン　ボー　クロワッサン
> **un beau croissant**　美しいクロワッサン
> ※croissantが男性名詞
>
> ユヌ　ベル　ポム
> **une belle pomme**　美しいリンゴ
> ※「リンゴ」という意味のpommeが女性名詞
>
> 🔊))) 05-06

このように、冠詞だけでなく、形容詞もあとにくるものが男性名詞なのか、女性名詞なのかで形が変わってきますので、注意が必要です。

最初からこれら全てを覚えることは難しいので、本書で冠詞や形容詞を見るたびに、どのような形になっているか注目することから始めるとよいでしょう。巻末ボキャブラリーから、このページで紹介している冠詞を調べるのも有効です。

たとえば、ある名詞の前にun がついていたら、「この名詞は男性名詞で、しかも不特定のものを表しているのか」と考えるようにすると、冠詞や形容詞の変化に慣れていくことができます。

\ 6 / ザギンでシースーのような逆さ言葉がよく使われるフランス語

学べる表現
逆さ言葉のverlan
　　↳ この逆さ言葉をうまく使うことで、フランス人に「この人、フランス語うまい!」という印象を与えることができます。

メルシではなく、シメール

　日本語でも「ザギンでシースー」のような逆さ言葉はありますが、フランスでもこのような逆さ言葉があります。

　たとえば、「ありがとう」という意味の merci は、

シメール **cimer**	🔊))) 06-01

となります。

　これは verlan といって、音のまとまりの単位で言葉を逆さにした俗語のことです。 日本の「ザギンでシースー」といった逆さ言葉は今ではあま

り使う人がいないイメージですが、**フランス語の verlan（ヴェルラン）は若い人を中心に使われていて、歌詞などにも使われるほど市民権を得ています。**

そもそも verlan（ヴェルラン）という言葉自体も「逆に（する）」という意味の l'envers（ランヴェール）の音節の順番を入れ替えて作られているのです。 フランス人は本当に逆さ言葉が好きなんです（笑）。

他にも日常で verlan（ヴェルラン）化されている言葉はたくさんあります。

femme（ファム）　→　meuf（ムーフ）
女性

moi（モワ）　→　oim（ワム）
私

📢)) 06-02

「私は je（ジュ）じゃないの？」と思った方もいるかもしれないですが、moi（モワ）は、他の人と区別して「私は」と強調したり、独立して「私、私！」と言ったりすることができる、英語にはない表現です。

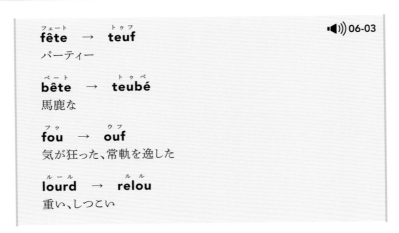

fête（フェート）　→　teuf（トゥフ）
パーティー

bête（ベート）　→　teubé（トゥベ）
馬鹿な

fou（フゥ）　→　ouf（ウフ）
気が狂った、常軌を逸した

lourd（ルール）　→　relou（ルル）
重い、しつこい

📢)) 06-03

06-04

louche → chelou
（ルーシュ）（シュル）
不審な、変な

énervé → vénère
（エネルヴェ）（ヴェネール）
イライラしている

さらに、この verlan（ヴェルラン）の進化形までフランス語には存在しています。

verlan（ヴェルラン）化が進みすぎて、femme（ファム）の verlan（ヴェルラン）である meuf（ムーフ）はついにフランス語の辞書に載ったのですが、今度は verlan 化された meuf（ムーフ）をもう一度 verlan（ヴェルラン）するようになりました。

こう聞くと、元の形に戻ってしまったのかと考える方もいると思うのですが、なぜか元の形には戻らず、少し違った逆さ言葉になっています（笑）。

06-05

femme → meuf → feumeu
（ファム）（ムーフ）（フウムー）

このように、フランス人はとにかく言葉を逆さにして使いたがるのです。

ここで注意していただきたいのは、この逆さ言葉はフォーマルな言い方ではなく、カジュアルな言い方だということです。友人との会話など、くだけた会話をする場面で使われるものです。また、逆さ言葉はたくさんあり、今でも多く使われているものもあれば、人気がなくなってしまったものもあります。これについては、日本の流行り言葉と似ているかもしれませんね。

逆さ言葉を使うだけで、印象が少し変わる

日本では逆さ言葉を使うことで、自分の印象が悪くなってしまうことがあるかもしれませんが、フランス語の verlan^{ヴェルラン} は全く違います。

僕の義理の姉はスペイン人で、フランス語がとても上手です。

彼女と初めて会ったとき、彼女は merci^{メルシ} の代わりに「cimer^{シメール}」と言っていて、僕はとても驚きました。
それと同時にフランス語が上手いと感じたのです。

ちょっとしたことですが、この逆さ言葉を使うだけで、「こなれた感じ」が出るのです。

● cimer^{シメール}でちょっとこなれた感じに ●

フランス語の奇妙な言い回し

なぜ、「大胆なネズミ」で「コウモリ」なのか

　逆さ言葉のように、ちょっと変わった言い回しを好むフランス人ですが、他にも面白い言葉の成り立ちがたくさんあります。

　コウモリを例にとってみましょう。フランス語ではこう言います。

---

une chauve-souris　　　　　　　　🔊)) 06-06
（ウン　ショーヴ　スリ）
コウモリ

これは、直訳すると「大胆なネズミ」という意味です……。

　う〜ん、コウモリを表すのに、ネズミを使っているのが面白いですね。たしかに羽がついたネズミっぽい見た目ではあるような気がしますが、羽ではなく、「大胆」という言葉を使うあたり、フランス人の僕でも「なんでだろ？」って思っちゃいます（笑）。

　他には強調の言葉としてよく使う言葉に vachement があるのですが、これは言葉の成り立ちというより、使い方が不思議という感じです。（ヴァシュマン）

C'est vachement bon.　　　　　　　🔊)) 06-07
（セ　ヴァシュマン　ボン）
これはとても良いです。

　C'est 〜で「これは・それは〜です」という意味で、〜の部分に名詞や（セ）
形容詞が入ります。bon が「良い」という意味の形容詞で、それを強調
する vachement がこの bon についているので、「とても良い」といった（ヴァシュマン）（ボン）
意味になります。ただ、この vachement の vache は「牛」という意味（ヴァシュマン）（ヴァシュ）

の言葉です。

　日本語でいうと、「これは牛良い」と言っているような感じですが、これは日本語の「鬼怖い」とかそういった使い方に似ていると言えるかもしれませんね。

　最後に僕の大好きな「じゃがいも」をフランス語で何というか紹介しましょう。

ポ ム　ドゥ テール
pomme de terre　　　　　🔊))06-08

　これは、直訳で「大地のリンゴ」という意味です。う〜ん、別の食べものになってしまっている。しかも、場合によっては「リンゴ」という意味の pomme だけで「じゃがいも」の意味になることがあります……。独創的すぎてフランス人の僕でもなんでこんなふうに呼ぶのかわかりません（笑）。

Topic

\ 7 /

インスタや
YouTubeコメントの
フランス語

学べる表現

slt（salut の略語）、cc（coucou の略語）、dsl（Désolé
の略語）

↳ **SNSで使える自然なフランス語が学べます。**

フランス語の「草」

　日本でも、インスタや LINE で使われる日本語は話す言葉と違って、言葉を省略したものや、SNS だけの独特なものが多いですよね。

　フランスでも同様に、インスタや YouTube、メッセージアプリで使われる独特のフランス語があります。

　よく使われるのが、ふだん会話で話されるフランス語を省略したものです。

サリュ **salut**	→	**slt**	やぁ
ククー **coucou**	→	**cc**	やっほー

désolé <small>デ ゾ レ</small>	→	**dsl**	ごめん
beaucoup <small>ボ ク ー</small>	→	**bcp**	たくさん、たいへん
pourquoi <small>プ ル ク ワ</small>	→	**pk**	なんで
s'il te plaît <small>シ ル トゥ プ レ</small>	→	**stp**	お願い
bébé <small>ベ ベ</small>	→	**bb**	ベイビー

省略に明確なルールはないのですが、発音をそのまま文字にしてしまうものがあります。

たとえば、c'est 〜（それは・これは〜です）の発音はアルファベットの c と同じです。そのため、c'est の代わりに c と、次のようにテキストメッセージで書かれているのを非常によく見かけます。

C'est ça.
<small>セ サ</small> → **C ca**
それだ。

C'est qui?
<small>セ キ</small> → **C ki?**
それは誰?

salut<small>サリュ</small> → slt、coucou<small>ク ク ー</small> → cc も、そのままでないにしろ、発音に沿って略されているのがわかると思います。

他には、

mort de rire
<small>モ ー ル ドゥ リ ー ル</small> → **mdr**
死ぬほど笑える（おかしい）

みたいなものもあり、これは日本でいうところの「www」「草」みたいなものですね。

紹介しておきながら、こんなことを言うのもなんですが、こうした略語をむやみに使いすぎないようにしてください。salut → slt のような略語はまだ他でも使われることがあるような略語なので大丈夫ですが、c'est → c は SNS 上であっても、ちょっと幼稚な印象を与えてしまうことがあるので、気をつけましょう。

● c'est → cはちょっと幼稚な印象に ●

前の語句を受ける y
<small>イ</small>

同じ言葉の繰り返しを避ける y
<small>イ</small>

　SNS の省略語とはまた違いますが、会話の中で前に使った単語を y と
短く受けることができます。

　これは同じ言葉を繰り返し使うのを避けるために使われます。

<small>テュ ヴァ ア ラ ソワレ ドゥマン</small>
Tu vas à la soirée demain?　🔊))) 07-01

明日、パーティーへ行きます?

<small>ノン ジュ ニ ヴェ パ</small>
Non, je n'y vais pas.

いいえ、パーティーには行きません。

---

　tu が「あなた」、vas が「行く」、la soirée が「パーティー」、demain が「明
日」という意味になります。tu は p.17で、vas は p.37、冠詞の la は p.52
で学びましたね。冠詞の la が使われているので soirée は女性名詞という
ことがわかります。なお、n'y は、否定の ne と y をつなげた形です。

　ここまで学んできたことだけで、皆さんはこんなにフランス語がわかる
ようになってきているのです。

　そして、à は「〜へ、〜に」という意味の前置詞です。

　最初に出てきた à la soirée という語句が、Non 〜以降の文では、y と
なっているわけです。

　もう1つ例を見てみましょう。

Tu vas à la soirée de Jean?
（テュ ヴァ アラ ソワレ ドゥ ジャン）

ジャンのパーティーに行く?

■))) 07-02

Oui, j'y vais.
（ウィ ジ ヴェ）

行くよ。

　ここでは y は à la soirée de Jean（ジャンのパーティーに）を受けています。また je と y がくっつくと j'y となって「ジ」と発音します。

　相手が言ったことや、自分が言ったことの中で、繰り返し使う名詞があるときはこの y を使うことでスマートに受けることができます。

\ 8 /

フランス語の敬語は
オンかオフかの二択

学べること

フランス語の敬語

↳ 様々な場面で、フランスの敬語を
使いこなせるようになります。

日本の敬語はスゴすぎる

フランス人にとって、日本語の敬語は頭を悩ませるものです。誰と話しているか、その人が自分とどんな関係か、またその人が社会的にどんな地位にいるかによって礼儀作法のレベルが違ってきますよね。

たとえば、次のような例です。

田中さんという上司がいたとして、もちろん田中さんには敬語を使うと思うのですが、他の会社の方と話していて、この田中さんの名前が挙がるときは、「弊社の田中ですね」というように敬称を使わない場合があります。
あるときは敬語を使い、あるときは同じ人に敬称を使わない。

これってスゴすぎます！

● 日本の敬語はスゴイ ●

　敬語の使い方も語尾を「です・ます」に変えるだけでなく、「連絡する」を「ご連絡いたします」にするなど、僕が日本語の敬語をマスターできる日は来るのだろうかと途方にくれてしまうことがよくあります（笑）。

　こうした日本語の敬語に比べると、フランス語の敬語は非常にシンプルです。
　フランス語の敬語はオン・オフの二択で、ほとんどの場合、お互いに敬語を使うことになります。

　なので、僕と大統領が話すときもお互いに同じ敬語を使うという点で、使う言葉に違いはありません。もし、僕と大統領が対談することがあったとして、その会話を文字起こししても、言葉遣いからは、どっちが僕で、どっちが大統領かわかりません（笑）。

　日本には敬語の中にも場面による細かい使い分けや、グラデーションがあると思うのですが、フランスではそうした微妙な使い分けなどは存在せず、敬語を使うか使わないかの二択となるのです。

Lesson 8

フランス語の敬語

フランス語の敬語は複数の形にするだけ

フランス語の敬語は言い回しもシンプルです。

敬語を使いたいときは、主語と動詞を複数の形にすれば良いのです。

> コ マ ン テュ ヴァ
> **Comment tu vas?**
> 元気?

で、「元気?」という意味になるのですが、「君」「お前」「あなた」という意味の tu を、もともと「君たち」「あなたがた」という意味だった vous に変えるだけです。

「行く」という意味の動詞、aller が「vas」、「allez」という形で使われていますね。
　comment が「どうやって」という意味の言葉になるので、comment tu vas? を直訳すると、「あなたはどのように行っていますか?」という意味になり、相手の調子を尋ねていることになります。英語でいうと How's it going?（調子どう?）に「行く」を意味する go が使われているのに似ています。

この tu を「あなたたち」を意味する vous に変えることで、「元気？」というニュアンスの表現が、「お元気ですか？」という丁寧な敬語のニュアンスに変わるわけです。

　Comment allez-vous? はフランス語を勉強していなくても、聞いたことがあるという人が多いのではないでしょうか？　実はこの表現も bonjour と同じように、友人同士で使われるというより、公共の場や少しかしこまった場で使われているものなのです。

「どうぞ」や「お願いします」というときに使う S'il vous plaît というフランス語を知っている方も多いと思いますが、これも vous が入っているので、相手に対して丁寧に言うときの表現です。

　互いに tu と呼び合うような親しい間柄では、S'il te plaît と言います。

　te は tu を目的語にしたときの形で、もともとこの語句は「もしそれがあなたに（君に）気に入ってもらえるなら」という意味から来ていて、「あなたに」を丁寧に言うときは vous のままですが、親しい関係の場合は te という形を取ります。

一緒に覚えておきたい複数形

　ここでは代名詞の話をしましたが、名詞の複数形の話もしましょう。名詞の複数形は原則としてsをつけます。ただし、英語を勉強された方はびっくりするでしょうが、このsは発音しないのです。

　たとえば、croissant^{クロワッサン}であれば、次のようにsをつけます。

> **un croissant**　　1つのクロワッサン
> アン　クロワッサン
>
> **des croissants**　いくつかのクロワッサン
> デ　　クロワッサン

「あれ？」と気づかれた方もいると思うのですが、冠詞が変わっています。そうなんです、冠詞は男性名詞か女性名詞かによって変わるだけでなく、複数形のときも形が変わります。ただし、この場合、男性名詞・女性名詞とも同じ des になります。この場合は不定冠詞が形を変えていますが、定冠詞も形を変えます。まとめると、次のようになるわけです。

不定冠詞の変化

> 🔊)) 08-02
>
> **un croissant**　単数男性名詞の前
> アン　クロワッサン
> 1つのクロワッサン
>
> **une table**　単数女性名詞の前
> ユヌ　ターブル
> 1つのテーブル
>
> **des croissants**　複数男性名詞の前
> デ　　クロワッサン
> いくつかのクロワッサン
>
> **des tables**　複数女性名詞の前
> デ　ターブル
> いくつかのテーブル

定冠詞の変化

le croissant 単数男性名詞の前
<ruby>ル<rt></rt></ruby> <ruby>クロワッサン<rt></rt></ruby>
1つの特定のクロワッサン

la table 単数女性名詞の前
<ruby>ラ<rt></rt></ruby> <ruby>ターブル<rt></rt></ruby>
1つの特定のテーブル

les croissants 複数男性名詞の前
<ruby>レ<rt></rt></ruby> <ruby>クロワッサン<rt></rt></ruby>
いくつかの特定のクロワッサン

les tables 複数女性名詞の前
<ruby>レ<rt></rt></ruby> <ruby>ターブル<rt></rt></ruby>
いくつかの特定のテーブル

🔊 08-03

\ 9 /

CELINEはなぜ、「セリーネ」と読まないのか？

学べること

フランス語の読み方

→ ある程度の言葉なら、綴りを見るだけで
読めるようになります。

ブランド名で学ぶフランス語発音のルール

　ここまで、あえて発音のことにはあまり触れずにきました。発音にはいくつかのルールがあり、それを最初から説明すると、本書が「勉強」のための本になってしまうからです。

　しかし、リアルで、面白いフランス文化と一緒にフランス語に触れてきた皆さんは、フランス語に対して「慣れ」が出てきているはずです。

　また、例文のカタカナルビを見て、「なんでこんなふうに発音するのだろう？」と疑問に思っている方も多いのではないかと思います。

　ここで、フランス語の発音について見ていきましょう。
　もちろん、皆さんが興味や親しみを持てるものを題材に学んでいきます。

この言葉、皆さんは何て読みますか？

CELINE 🔊 09-01

　知らない人はいない超有名ブランドなので、皆さんは簡単に「セリーヌ」と読めると思います。しかし、皆さんの中で疑問に思われた方はいらっしゃらないでしょうか？

『なぜ、「セリーネ」ではないのだろう？』と。ローマ字読みであれば、「セリーネ」です。

　もう1つやってみましょう。こちらも皆さん簡単に読めるのではないでしょうか？

Louis Vuitton 🔊 09-02

「ルイ・ヴィトン」ですね。こちらもローマ字読みだと、「ロウイス・ヴィトン」となりそうなのですが、実際にはそう読まれていません。ここにフランス語の発音ルールが隠されています。

　フランス語では、まず原則として単語の最後に来る子音字（a, e, i, o, u, y 以外の文字）は発音しません（例外もありますが、これはあとで説明します）。

　e は単語の最後に来るときは、くちびるに力を入れずに軽く「ウ」と発音するか、息だけで発音しないかのどちらかです。

　CELINE を見てみると、語の最後に e が来ていますね。n のあとには軽く「ウ」とつけるので「ヌ」となり、「セリーヌ」となります。

また、英語の yes に当たる単語は oui と書いて「ウィ」と読みます。

oui となっていたら、「ウィ」と読むルールになっています。Louis Vuitton の Louis という語には、oui が入っていて、単語の始まりには l、最後には子音の s があります。なので、s の方は読まずに「ルゥィ」という発音になります。

Vuitton の方は ui という文字がありますが、これは être で勉強した Je suis のときと同じ ui ですね。口をとがらせてユから素早くイに変えて、「ュイ」のような発音になります。なので、Vuitton は、正しくは「ヴュイトン」というような発音です。フランス人は早口の人が多いので、「ヴィトン」と聞こえるような気はします（笑）。

こうやって、ふだんから見たり聞いたりしているフランス語のブランドから発音の法則を見ていくと、複雑なルールもすんなり頭に入ってきます。

これからは街中で CELINE を見るたびに、単語の最後は「エ」じゃなくて「ウ」と読むから「セリーヌ」、Louis Vuitton を見るたびに、oui は「ウィ」と読んで、単語の最後の s は発音しないから「ルゥイ」、ホントは「ヴュィトン」だけど、早く読めば「ヴィトン」だから、「ルイ・ヴィトン」というように、意識してみてください。

それだけで、暗記などしなくても発音ルールが自然と身についていきます。

そして、ここでこんなツッコミを入れられる方はとても優秀ですね。

CHANEL　🔊))) 09-03

「シャネル」は最後に子音の l が来ているのに「ル」って読んでるじゃん！だいたい、なんで「チャネル」じゃないの？

おっしゃるとおりです（笑）。ch の発音については後ほどご説明しますが、実は先程の発音ルールにはちょっとだけ例外があるのです。

　子音の中でも c, f, l, r は、単語の最後に来ても発音される場合があります。先程の CHANEL は l が最後に来ているので、このルールに当てはまりますね。
　このルールに当てはめると、

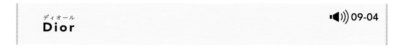

Dior の r も発音されるので、「ディオール」となります。

　また日本語としても知られているものとしては、次のようなものがあります。

　それぞれ、最後の f と c が発音されています。

　他にも、すでに日本で使われているフランス語から発音のルールを学べるものがあります。

　これもローマ字読みをすれば、「ガテアウ　アウ　チョコラト」のよう

になりますが、フランス語の発音ルールによって、そう読まないのです。

　フランス語では、au または eau は「オ」と読みます。そして、ch については、cha、chu、cho は「チャ・チュ・チョ」ではなく「シャ・シュ・ショ」と発音します。先程の CHANEL は「シャネル」、chef は「シェフ」と読んでいましたね。さらに単語の最後の t は読まないので、gâteau au chocolat となるわけです。

　gâteau は「ケーキ」、chocolat は「チョコレート」のことですね。真ん中の au は「〜が入った」という意味です。

　日本のケーキ屋さんでは「ガトーショコラ」と書いてあるところもありますが、これは「チョコレート入りのケーキ」ということなので、本当は真ん中にある au は省略できません。
　なので、フランス語でこのケーキのことを言うときは、au もはっきり発音して、gâteau au chocolat と発音するようにしてください。

　こうして、発音のルールを見ていくと、一番最初に紹介した salut を「サルト」と読まない理由もわかったのではないでしょうか？

　他にも発音のルールはたくさんありますが、本書では皆さんに馴染みのあるものから身につけやすいものに絞って紹介しています。

　ただ、これだけでもフランス語を見たときに、カタカナがなくても読めるものがかなり増えるので、CELINE というロゴを見たり、ガトーショコラという言葉を聞くたびにこの発音ルールを思い出してみてください。

フランス語のリエゾン・エリジヨン

ボ ト フ
pot au feu で覚えるリエゾン

　フランス語の発音について、もう1つ知っていただきたいのが、リエゾンとエリジヨンです。

　リエゾンとは子音で終わる単語のあとに、母音で始まる単語が続くことで……。何だか難しくなりそうなので、この説明から入るのは止めましょう。

　リエゾンについては、皆さんに馴染みのあるこの言葉で覚えてしまいましょう。

ボ ト フ
pot au feu　　　　　　　　　　　　◀)) 09-08

皆さんも一度は食べたことがあるはずのあの料理です。

まずはここまで学んだルールで、pot au feu を読んでみましょう。

　pot は最後に子音である t が来ているので、t を読まずに「ポ」と読みます。そして、先程 gâteau au chocolat で学んだとおり、au は「オ」と読みます。そして、feu は「フ」と読みます。カタカナで書くと「フ」になりますが、eu の綴りのときは、唇をまず「エ」と言うつもりの形にして、舌の位置はそのままにして唇をつぼめて「ウ」と言います。ちょっと難しいと思う人はとりあえず「ウ」で大丈夫です。

このルールだけを見ると、pot au feu（ポトフ）でなく、pot au feu（ボオフ）と読むはずですね。ここでリエゾンのルールの登場です。

結論からいうと、pot（ポ）の読まないはずの t と au（ト オ）がくっついてしまうのです。

● リエゾン ●

子音 母音

Pot au → Pot au
ポ　オ　　　　ポ　　ト

t と au（ト オ）がくっついて、tau と同じように「ト」となるわけです。
つまり、pot au feu（ポトフ）と読みます。

もともと読まなかった語の最後の子音字に、母音で始まる単語が続いたときに、読まなかった子音を読むことをリエゾンといいます。

pot au feu（ポトフ）では、pot の語尾である子音 t が、au の母音 a とくっつき、「ト」と読まれているわけです。

寒い日に pot au feu（ボトフ）を食べるときは、このリエゾンのルールを思い出してくださいね（笑）。

エリジヨン

フランス語の独特のルールはこれだけではなく、avoir（アヴォワール）の変化のときに紹介したこの例文にも当てはまります。

> **J'ai tous les CD de Kobayashi Sachiko.**
> ジェ トゥ レ セデ ドゥ コ バ ヤ シ サ チ コ
> 私は小林幸子さんのCDを全て持っています。

avoir（アヴォワール）の活用形でも学んだ j'ai（ジェ）ですが、これは「私は」という意味の je（ジュ）と「持つ」という意味の avoir（アヴォワール）の活用形の ai がくっついて、j'ai（ジェ）となっているのです。

je（ジュ）、ne（ヌ）、ce（ス）、le（ル）など、いくつかの単語は、すぐ後に母音で始まる単語が来たときに、e を '（アポストロフ）にして後ろの語とくっつき、1つの単語のように発音します。このルールをエリジヨンといいます。

				🔊))) 09-09
je（ジュ） ＋	ai（エ） →	j'ai（ジェ）		
ce（ス） ＋	est（エ） →	c'est（セ）		

Topic 7で学んだ C'est qui?（セ キ）（それは誰？）の C'est（セ）も、もともとは「これ、それ、この人、その人」を意味する ce（ス）と「〜である」という意味の動詞の est（エ）がくっついて、c'est（セ）となっているのです。

それに「誰」を意味する qui（キ）がついて、「それは誰？」あるいは「この人は誰ですか？」という意味で使われます。

　いかがでしたか？　難しいと思っていたフランス語の発音ルールが少し身近に感じられたのではないでしょうか？

　皆さんも自分の周りにあるもので、フランス語が由来となっているものを見つけたら、その発音を調べてみてください。

● 身の周りのものから、フランス語の発音を学ぶ ●

🔊 Dialogue-01

カフェでの会話

● オレリアンとロバンはカフェで、待ち合わせをしています ●

1 **オレリアン：**Salut! Ça va, mec?

やっほー！　調子はどう？

2 **ロバン：**Nickel, et toi?

完璧だよ、あなたは？

[En s'asseyant]

（座りながら）

3 **オレリアン：**Ça va, ça va.

まあいい感じだよ。

4 **ロバン：**Désolé hein, J'suis ultra en retard.

ごめんね。すごく遅刻しちゃって。

5 **オレリアン：**Ouais, t'inquiète.

大丈夫、気にしないで。

6 ロバン：Tu veux manger quelque chose(kekchose), toi?

何か食べる？

7 オレリアン：Ouais J'vais prendre un p'tit croissant, j'pense.

うん、ちょっとしたクロワッサンにしようかな。

8 ロバン：Ah ouais, j'adore leurs croissants. J'vais prendre la même.

ここのクロワッサン大好きなんだよね、僕も同じにするよ。

9 オレリアン：Tu bois quoi?

何飲む？

10 ロバン：J'vais m'prendre un p'tit café, et toi?

ちょっとしたコーヒーにしようかな、どうする？

11 オレリアン：Pareil.

僕も同じ。

[Commande]

（注文）

12 オレリアン：Excusez-moi, vous faites les espressos ici? Bah, deux espressos alors!

すみません、エスプレッソありますか？

ええ、じゃあエスプレッソ2つお願いします！

13 ロバン：Et deux croissants, s'il vous plaît.

あとクロワッサンを2つお願いします！

14 ロバン：Il fait pas chaud putain!

なんかめっちゃ寒いね！

15 オレリアン：C'est clair, il fait froid d'un coup, c'est ouf.

確かに、急に寒くなったよね、びっくりするよ。

16 オレリアン：Tu vas à la petite teuf de Marie ce soir?

今晩マリーのちょっとしたパーティー行く？

17 ロバン：Ch'pas, j'ai la flemme...et toi?

んー、ちょっと面倒だしわかんない……行くの?

18 オレリアン：La meuf est un peu chelou, mais Tom y va, donc ouais je vais y aller je pense!

あの子ちょっと変わってるけど、トムは行くって言ってたから、行くつもり!

19 ロバン：Tu t'habilles comment?

何を着てく?

20 オレリアン：J'vais mettre ma belle chemise, tu sais.

いいシャツ着るつもり、あのシャツさ。

21 ロバン：Ah la chemise bleue? Elle est classe.

あぁ、あの青いやつ?　おしゃれだよね。

22 オレリアン：Cimer.

ありがと。

[Serveuse arrive]

(店員がやってくる)

23 店員：Vos espressos et les croissants!

エスプレッソとクロワッサンです!

24 オレリアン：Merci beaucoup!

どうもありがとう!

25 ロバン：Wow.

わぁ。

26 オレリアンとロバン：Merci.

ありがとう。

27 オレリアン：Putain, ça a l'air vachement bon.

すげー美味そう。

[Mange les croissants]

(クロワッサンを食べる)

28 ロバン：Grave, j'ai trop la dalle en fait.

本当に、おなか減ってたんだ。

解説

1 友人同士の挨拶なので、bonjour（ボンジュール）でなくsalut（サリュ）を使っています【→**Topic 1**】。Ça va（サ ヴァ）は本文にあるとおりで「元気？」という意味。mec（メク）はくだけた表現で「男」とか「やつ」という意味ですが、ここでは相手を指して、「君は」くらいの感じです。

2 nickel（ニケル）はもともとは50円玉にも使われている鉱物の「ニッケル」のことで、それから「ピカピカの」「全く汚れていない」という意味で使われるようになり、さらに会話で「全く問題ない」、「完璧」という表現として使われるようになりました。ここでは調子が「完璧だよ」と言っているわけですね。Et toi?（エ トワ）は、英語に直訳すれば And you?で、「それで、君は？」ということです。

3 ça va（サ ヴァ）のça（サ）はもともとは「今の状態」を表していて、va（ヴァ）はaller（アレ）という動詞の活用形で、ここでは「うまく行っている」くらいの意味。「今の状態がうまく行っている」ということだから、健康状態のことだったら、「元気だよ」ということになります。2回繰り返しているので、「元気、元気」「問題ないよ」くらいのニュアンスになります。

4 désolé（デゾレ）はもともとJe suis désolé（ジュ スィ デゾレ）の前の2語が省略されたもので、謝罪を表して「ごめんなさい」「ごめんね」の意味。またêtre（エートル）のjeのときの活用形je suis（ジュ スィ）の2語が、くっついて、J'suis（シュイ）となっています。友人同士のくだけた会話ではこうした短縮が頻繁に起こります【→**Topic 2**】。

5 ouais（ウェ）は、英語でいうとOh yeahと同じニュアンスで、相手が言ったことに対するあいづちのように使われます。t'inquète（タンキェット）はs'inquiéter（サンキエテ）「心配する」のtu（テュ）（親しい相手）に対する否定の命令形Ne t'inquète pas（ヌ タンキェット パ ヌ）のneとpasが省略されたもので、「心配しないで」ということです（p.160参照）。

6 フランス語は文末のイントネーションを上げるだけで疑問文になります【→**Lesson 12**】。quelque chose（ケ ショーズ）は「何か」の意味で、正しい発音は「ケルクショーズ」ですが、くだけた会話では、kekchose（ケクショズ）のように聞こえます【→**Topic 2**】。toiは「君は」を強調した形です。

7 J'vaisは、くだけた会話でJe vaisがくっついた形です【→Topic 2】。vaisは動詞allerの活用形で、p.38で紹介したように「aller + 動詞」で、「これから〜する」「〜する予定だ」ということですね。つまり、「これからクロワッサンを頼もうかな」という感じです。p'titは petitの peのところの軽い「ウ」を発音せず、子音のpしか発音しない場合（発音記号がわかる人は、[pəti]でなく[pti]と発音する場合）にこのように表記する場合があります。フランス人はなんにでも petitをつけます【→Topic 3】。croissantが男性名詞なので、冠詞のunがついています【→Lesson 5】。

8 J'adoreはエリジヨンの形で、jeとadorer（〜が大好きである）の、jeのときの活用形adoreがくっついて、j'adoreとなったもので【→Lesson 9】、これは書き言葉でもこのように書かなければいけません。j'vaisは 7 の解説を参照。「同じもの」と言うときは、正式にはla même choseですが、ここでは choseが省略されています【→Topic 2】。

10 J'vaisは 7 の解説を参照。m'prendreはmeとprendreがくっついたもので【→Topic 2】、「自分（のため）に注文する」くらいの意味です。ここでも、caféといわず、p'tit caféと言っていますね【→Topic 3】。caféが男性名詞なので、冠詞はunが使われています【→Lesson 5】。

12 丁寧に「すみませんが」と言いたいときはexcusez-moiを使います。vous（あなた）はここでは店側の人を指しており、あなたの複数形にすることで敬語となっています【→Lesson 8】。faitesはfaire（作る）の活用形なので、「あなたは〜を作りますか？」ということになり、つまりは「この店には〜がありますか？」という意味になります。定冠詞lesのあとに母音で始まる単語が来ると、リエゾンするので、「レ・ゼスプレッソ」という発音になります【→Lesson 9】。deux espressosのようにxで終わる単語も後ろに母音で始まる語が来るとリエゾンしますが、sの場合と同じように[z]の発音になって、「ドゥ・ゼクスプレッソ」となります【→Lesson 9】。

13 注文をするときは、店員さんに頼みたいものを言って、s'ils vous plaîtをつければそれでOKです。簡単ですね。これはなんにでも使

えて、たとえばあなたがフランスの街中でLa poste（郵便局）を探_{ラ ポスト}しているときに、通りがかりの人に、La poste, s'il vous plaît! と_{ラ ポスト シル ヴ プレ}言えば、郵便局を探しているんだなとわかってもらえます。

14 もとはIl ne fait pas chaud.のneが抜けたもので【→**Topic 2**】、_{イル ヌ フェ パ ショ}直訳すれば「暑くない」という意味になります。putainはここでは、_{ピュタン}「全くね」とはっきりさせるために使われています【→**Topic 4**】。

15 C'est clair.は、相手の言っていることが的確で、「全くだね」と同調_{セ クレール}するときに使います。d'un coupは「急に」「突然」ということです。_{ダン クー}oufはfouの逆さ言葉です【→**Topic 6**】。ここでは、「急に寒くなる_{ウフ フゥ}なんて、おかしいね」といったニュアンスで使われています。

16 vasはaller（行く）のtuのときの活用形です。teuf（パーティー）_{ヴァ アレ テュ トゥフ}はfêteの逆さ言葉ですが【→**Topic 6**】、もちろんパーティーにも_{フェート}petitをつけます【→**Topic 3**】。「パーティー」を意味するteufが女_{プティ トゥフ}性名詞なので、petiteという形になっています【→**Lesson 5**】。冠_{プティット}詞は女性単数名詞につくlaになっていますね【→**Lesson 5**】。_ラ

17 ch'pasは、Je ne sais pas.（知りません、わかりません）の省略の_{シュ パ ジュ ヌ セ パ}レベルがかなり進んだ形ですね【→**Topic 2**】。flemmeはもともと_{フレム}「無気力、怠惰」の意味で、avoir la flemme de[d'] 〜 で「〜す_{アヴォワール ラ フレム ドゥ}る気になれない」ということです。ここはj'ai la flemme d'aller la_{ジェ ラ フレム ドゥアレ ラ}teuf（パーティーに行く気になれない）ということのd'aller la teuf_{トゥフ ドゥアレ ラ トゥフ}が省略された形です【→**Topic 2**】。

18 meufは、「女性」を意味するfemme、chelouは、「怪しげな、変な」_{ムーフ ファム シュル}を意味するloucheの逆さ語です【→**Topic 6**】。Tom y vaのyは場_{ルーシュ トム イ ヴァ イ}所を表す語を受けて「そこに」を表すyですね【→**Lesson 7**】。「トム_イはそこに行く」ということです。je vais y allerのje vaisは、**7** と同_{ジュ ヴェ イ アレ ジュ ヴェ}様、近い未来や予定を表すallerの用法で、そこにy allerがついて、_{アレ イ アレ}「僕はそこに行くつもり」ということになります。

20 J'vaisは **7** の解説参照。ma belle chemiseのchemise（ワイ_{ジュ ヴェ マ ベル シュミーズ シュミーズ}シャツ）は女性名詞なので、「美しい、立派な、すてきな」を意味する_{ボー}beauの女性形belleが前について【→**Lesson 5**】、「私のすてきな_{ベル}ワイシャツ」くらいの意味になります。beau、belleは名詞の前につ_{ボー ベル}

く形容詞です。【→Lesson 4】

21 色を表す形容詞は必ず名詞の後ろにつきます【→Lesson 4】。なので、「青い」を意味するbleuはchemise の後ろにつき【→Lesson 4】、女性形となって【→Lesson 5】、la chemise bleue（青いワイシャツ）となります。

22 ちょっとこなれた感じで「ありがとう」と言いたいときは、merci ではなく、cimerと言います【→Topic 6】。

23 「あなたの」という意味のvotreは単数名詞の前ではvotre、複数形の名詞の前に来るとvosとなります。vosのあとに母音で始まる語が来ると、sを「ザジズゼゾ」で発音してつなげて読むので、espressosと一緒になると、「ヴォゼスプレッソ」となります【→Lesson 9】。「あなたの（注文した）エスプレッソですよ」と、店員さんが言っているわけです。

24 ただMerci.（ありがとう）と言うよりもMerci beaucoup.と言った方が丁寧です。beaucoupは「たくさん、たいへん」を表す副詞で、Merci beaucoup.で「どうもありがとう」という意味になります。

27 putainは色々な場面で使える言葉で、ここでは「すごい」というくらいの意味です【→Topic 4】。avoir l'air ＋ 形容詞で「〜のようだ」という意味です。vachementはカジュアルな会話でよく使われる語で、後ろのbonを強調して「すげえいい」という意味になっています【→Lesson 6】。

28 graveはもともと「重大な、重要な、ひどい」を表す形容詞ですが、ここではその副詞であるgravement（ひどく）と同じような意味で使って、「マジで」といった意味になっています。j'ai la dalleはくだけた表現で空腹を表す言葉で「めっちゃ腹へった」くらいの意味です。tropは「あまりにも〜」ということなので【→Lesson 23】、「めっちゃ腹へった」から、さらに、それ以上お腹が減っているということを表しているわけです（笑）。

フランス人の
リアルな
生活

La vraie vie des
Français

Topic

\ 10 /

フランス人でも混乱する
挨拶のときの握手、ビズ、
ハグ

学べること
自然な握手やビズの仕方

↳ **挨拶のときにスムーズに自然なビズやハグが**
できるようになります。

挨拶にはビズが必須

　フランスで人に会ったら、ただ salut や coucou と言うだけでなく、何か
「する」必要があるんです。

　フランス人の僕ですら、ときどきよくわからなくなるフランスの挨拶の
複雑なルールをお教えしましょう（笑）。
　挨拶には次の3通りあります。

①握手　Serrer la main
②ビズ　Bise
③ハグ　Câlin

①握手

　握手は、主に男性同士で行われます。職場や初対面の人、あるいは友人同士（極端に親しい間柄ではない場合）で行われることがあります。

　女性同士の間でも行われることがありますが、極めてフォーマルな場面で行われます。上司に会ったとき、その人が女性だったら握手をするといった具合です。それ以外の日常的なシーンではビズをします。

　僕の両親が、僕のガールフレンドの両親に初めて会う場合、僕の父はガールフレンドの母親と握手するかもしれませんが、その後、別の機会に会うことがあれば、握手ではなくビズをするでしょう。

②ビズ

　ビズとは相手の頬に自分の頬を近づけ、「チュッ」と口で鳴らして、キスをするふりをすることです。口で音を出しますが、決して唇を頬につけて、キスをすることはありません。

　片方の頬でしたら、反対側の頬でもしますが、その回数は地域によって違うので、あなたがフランスのどこにいるかで回数が変わります。パリでは2回、南フランスのモンペリエでは3回、北西部のブルターニュ地方では4回です。

　女性に挨拶するときは、たいていビズをすることになります。女性同士

だけでなく、初対面の男性と女性でも行われます。

男性同士は、近い関係性の場合のみ、ビズを行います。

僕は日本で生活し始めてもう7年以上になりますが、どっぷりと日本文化に浸った今の視点でみると、関係が近かったとしても、男性同士がビズを行うということが、日本人にとっていかに衝撃的なことかよくわかります。

しかし、男性同士だろうと、女性同士だろうと、相手がビズを行おうとしたにもかかわらず、それを拒否してビズを行わないことは大変な失礼に当たってしまうのです。

こんな状況を想像してみてください。

あなたが女性だとします。あるパーティーで、知らない男性に初めて会いました。

彼はあなたに挨拶のビズをしようと身を乗り出してきますが、あなたは戸惑ってしまい、とっさに、握手をするために手を差し出しました。

これはフランスではかなり失礼なことで、相手に対して「距離を置きたい」と伝えているようなものです。

なので、相手がビズをしようとしたら、戸惑うことなく、あなたもビズで返すようにしてください。

③ハグ

ハグは特に親しい人同士で行うものです。僕は両親とすることもありますし（特にしばらく会っていない場合）、親友にもします（特に男友達）。

握手、ビズ、ハグとどんな関係性の中で行われるものなのか紹介しましたが、ビズの回数など、あくまで参考程度の基準で、挨拶の仕方は本当に人それぞれです。

僕の両親はともに北フランス出身ですが（ビズは4回とされている）、今は

南フランスに住んでいます（ビズは2回とされている）。

　母は自分の故郷のルールを守っているので、母とのビズには4回、父は南仏のルールに適応したので、父とのビズは2回します。西フランスに住んでいた妹とは3回ビズをしていました（笑）。

　こんなふうに地域の基準のようなものはありながらも、個人によって回数や何をするかまで変わることがあるので、**まずは相手に合わせた挨拶をすること、相手がビズをしようとしてきたら避けずに、こちらもビズをすることを心がければ、相手に対して失礼となるようなことはありません。**

乾杯のときは目を合わせる

　挨拶ではないですが、乾杯のときにも独特のマナーがあります。

　乾杯の言葉ですが、「健康に！」という意味のSanté!（サンテ）や、グラス同士が触れ合う擬音語である tchin tchin（チンチン）を言って、乾杯します。

　そして、乾杯をしていると「目を見て！」という意味のDans les yeux!（ダンレズュー）という声が聞こえてきます。

　フランスでは誰かとグラスを合わせるときに、お互いの目を見る習慣があります。そうしないと呪われるかもしれないと言われています。

　また、腕を交差させてはいけません。大人数で乾杯するときは、腕を交差させずにグラスを合わせる必要があるのです。つまり大人数で乾杯をするときは、時間がかかるというわけです（笑）。

頻度を表すフランス語

いつも目を合わせるの「いつも」

　乾杯するとき、フランス人はいつも目を合わせるという習慣を学びました。

　この「いつも」といった頻度は、フランス語で次のように表すことができます。

レ　フランセ　ス　ルガルド　トゥジュール
Les Français se regardent toujours
ダン　レ　ズュー　カン　ティル　トランク
dans les yeux quand ils trinquent.

乾杯するとき、フランス人は**いつも**目を合わせる。

🔊)) 10-01

---

　toujours が、「目を合わせる」という意味の動詞、se regarder を修飾し、「いつも目を合わせる」という意味になっています。この例文では、上記の意味がわかれば OK です。以降も、例文の解説にあるものだけ、理解できれば問題ありません。

　この toujours のように頻度を表す言葉は他にもあります。

ジャメ
jamais
一度も・決して

スヴァン
souvent
よく

ドゥ　タン　ザン　タン
de temps en temps
ときどき

🔊)) 10-02

　それぞれ、先程のフランス文化にちなんだ例文で見ていくと、とてもわ

かりやすいです。

> カン ティル トランク レ フランセ ヌ
> **Quand ils trinquent, les Français ne**
> クロワズ ジャメ レ ブラ
> **croisent jamais les bras.** 🔊)) 10-03
>
> 乾杯のときに、フランス人は**決して**腕を交差させません。

クロワズ
「交差させる」という意味の croisent の前に ne があるので、「交差させな
ジャメ
い」となり、それを jamais が修飾し、「決して交差させない」という意味
になっています。

> カン ティルス ランコントル レ フランセ
> **Quand ils se rencontrent, les Français**
> フォン スヴァン ラ ビーズ
> **font souvent la bise.** 🔊)) 10-04
>
> 挨拶のとき、フランス人は**よく**ビズをします。

フォン スヴァン
「する・作る」という意味の font を souvent が修飾し、「よく〜する」と
いう意味になっています。

> ドゥ タン ザン タン ジュ ヌ セ パ
> **De temps en temps, je ne sais pas**
> コンビヤン ドゥ ビズ ジュ ドヴレ フェル
> **combien de bises je devrais faire.** 🔊)) 10-05
>
> **ときどき**、何回ビズをするか、わからなくなる。

コンビヤン ドゥ
　combien de[d'] 〜は「いくつの〜」「いくらの〜」という意味になる疑問
ジュ ドヴレ フェル
詞です。je devrais faire 〜で「私は〜すべきである」といった意味なので、
「私は何回ビズをしたらよいかわからない」という意味になります。どれ
も会話の中で使う頻度が高いものばかりですので、フランスの挨拶文化を
頭に思い浮かべながら、例文の中で覚えていってください。

\ 11 /

皮肉を極める
フランス人

学べること

フランス人の皮肉

┗➤ フランス人の皮肉に慌てふためくことが
なくなります。

「悪くない」は「かなり良い」

**フランス人は話す内容が自分の心の内と真逆、つまりはあまのじゃくな
人が多いです。**

たとえば、ある映画について好きかどうかを聞いて、相手が

> パ　マル
> **Pas mal.**　　　　　　　　　　　◀))11-01
> 悪くない。

と言ったとします。

これは「かなり良い」という意味になるんです。
もちろん、毎回そうだとは限らないのですが、かなり高い確率で皮肉の

ことが多いです。

逆さ言葉といい、フランス人はなかなかひねくれていますね（笑）。

他にも、

という表現があるのですが、**これはもとは「疑いなく」という意味ですが「ちょっとあやしい」「たぶんね」程度の意味で使われています。**

そして、

は、**「おそらく、多分」といったニュアンスで使われています。**

ここにイントネーションが加わるとさらに複雑になるのですが、それは後ほど説明いたしますね。

ますますフランス語がわからなくなってしまったという方、安心してください。皆さんが今の段階で、こうした細かいニュアンスを把握した上で話せるようになる必要はありません。

フランス人は皮肉を言うことが多い。皆さんは、まずこれだけを覚えておいてください。

もっと日常的な例でいうと、フランス人は大雨の日に、

> イル フェ ボー アン
> **Il fait beau, hein.**
> いいお天気ですね。
> ◀))11-04

とよく言います。

皮肉の聞き分け方はイントネーションにある

　皮肉を言うときの特徴として、イントネーションが普段と変わるということがあります。同じことを言っていても、イントネーションによって、意味が全く違ってきます。

> イル フェ ボー アン
> **Il fait beau, hein?**
> いい天気だね？
> ◀))11-05
>
> ア ウエ パルフェ
> **Ah ouais, parfait!**
> うん、完璧！

> サ ス パス ビアン ル タッフ
> **Ça se passe bien le taff?**
> 仕事はどう？
> ◀))11-06
>
> スュペール ル レーヴ
> **Super, le rêve!**
> 夢のよう！

　例文のフランス語を全て理解する必要はありません。

　1つ目の会話は天気が良いこと、2つ目の会話は仕事が順調なことを言っているように見えるのに、実は真逆のシチュエーションで行われている会話であるということがわかれば問題ありません。

　これは p.158の Dialogue 2 7 の音声や動画を参照していただくと、より
わかりやすくなります。

　**音声や動画を何度も視聴し、どんなトーンでフランス人が皮肉を言うか
知っておきましょう。**
　それだけで、フランス人の皮肉を真に受けなくてすむようになります。

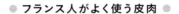

● **フランス人がよく使う皮肉** ●

(フランス語の返事)

　日本語を習ったとき、「ありがとう」への返事として、「どういたしまして」という言葉を習いました。とても美しい言葉だと思いましたし、今でもその思いは変わらないのですが、実際の日常生活では、「大丈夫」とか、「気にしないで」といった言葉をよく使う印象があります。

　フランス語にもこれと同じようなことが言えます。
「ありがとう」という意味のMerci.という言葉に対して、「どういたしまして」を意味するDe rien.を習うことが多いと思いますが、仲の良い友人同士の会話では次のように返すことが多いです。

> バ　ドゥ　スス ィ
> **Pas de soucis.**　　　　　　　　　🔊)) 11-07
> 心配いらないよ。

お礼ではなくて、謝られたときなどは、

> バ　ドゥ　プロブレム
> **Pas de problemes.**　　　　　　　🔊)) 11-08
> 問題ないよ。

とよく言うので、この表現も覚えておくと良いです。

T'inquiete pas／T'inquiète.
🔊))) 11-09

大丈夫。

　もともと s'inquiéter「心配する」の否定の命令文が Ne t'inquiète pas. で「心配しないで」という意味になります。その Ne が省略された形が、T'inquiète pas. です。さらに面倒くさがり屋のフランス人は pas まで省略して、T'inquiète. と言います。これは普通に考えると、否定語が2つともなくなっちゃっているので、「心配してくれ」という意味になりそうなんですが、それで「大丈夫だよ」という意味で通じます。

C'est rien.
🔊))) 11-10

なんてことないよ。

　ne[n'] 〜 rien は「何も〜ない」という意味なので Ce n'est rien. で、「それはなんでもないことだよ」となり、つまり「なんてことないよ」という意味になります。その n' が省略されて、C'est rien. となっています。De rien. も同じ意味で使われる言葉で、どちらもよく使われます。

Avec plaisir.
🔊))) 11-11

喜んで。

　plaisir は「喜び」で avec は英語の with と同じ意味なので、何かに誘われたときに avec plaisir と言えば「喜んで」という意味になります。また、「はい」「いいえ」というときの oui、non も覚えておくと便利です。Vous voulez un petit dessert?（デザートでもどう？）、Oui, avec plaisir!（いいね！）。Tu veux boire un petit cafe?（ちょっとコーヒーでも飲まない？）、Non, merci.（いや、いいよ）のように使えます。
🔊))) 11-12

濁す日本人、濁さないフランス人

学べること

フランス人の主張方法

↳ **フランス人はなぜ、自己主張が強いのか？その理由が理解できるようになります。**

日本人はなぜ、ハッキリ言わないのか？

これは僕が日本で、ある女の子とデートをしたときのことです。

彼女は優しくて、「一緒にいて、すごくいい感じだ」と、僕は思いました。

なので、帰り際に「来週会える？」と聞いたら、「うーん、来週はちょっと忙しいんだ」と言うので、「じゃあ、2週間後かな」と言ったら、「そのときは旅行中かもしれない」と言うので、「そうか、じゃあいつ空いてるかな」と言ったら、「また連絡するね」と言われました。

その後、彼女からの連絡は一切なし！（笑）

デートはうまくいったと思っていたのに、そうではなかったんだね。

日本人なら誰でもわかるサインのようなものを、当時の僕は見逃してい

たのでしょう。

　異性として見られないのであれば、なぜハッキリそう言ってくれないのだろう、と彼女の曖昧な伝え方に納得がいきませんでした。フランスではそうしたとき、「あなたを異性として見られない」ときっぱり言われることが多いからです。

　今となっては「あなたを異性として見られない」と言うのではなく、文脈の中でヒントを与えて断る日本独特のコミュニケーションも面白いと思いますし、尊敬に値すると思っています。

　これはどちらが合っている、間違っているという話ではなく、2つの文化圏でコミュニケーションの仕方がかなり違うということを皆さんに知っていただきたいのです。

自己主張が強いフランス人

　言いたいことを濁す、濁さないということは、そのまま自己主張にも関係してきます。
　次のような質問について、フランスでは自分の意見をハッキリと言うことが求められます。

「あの映画についてどう思った？」

　こうした質問に対して、「うん、まあ良いと思う」のような曖昧な返事をフランス人は好みません。また、良かったか悪かったかをハッキリ言う場合でも、なぜそう思うのかといった理由まで相手に伝えることが求められます。

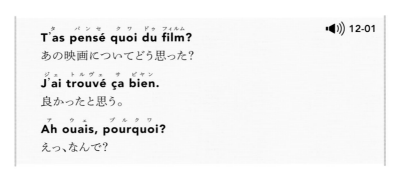

T'as pensé quoi du film?
あの映画についてどう思った？

J'ai trouvé ça bien.
良かったと思う。

Ah ouais, pourquoi?
えっ、なんで？

🔊 12-01

フランス人はこのように「なんで？」ということを聞きたがります。

僕も妻とつきあい始めた頃、「なんで、そんなに理由を聞くの？」と少し怒られたことがあるくらいです（笑）。

● フランス人は「なんで？」をよく言う ●

あの映画どうだった？

良かったと思う

えっ、なんで？

これは友人同士でも夫婦間でもそうなのですが、**フランス人はなんでも率直に意見を言い合い、その上で理解し合いたいのです。たとえ、意見が違うとしても、それならそれで議論しあえばいい。そういう考え方をする人が多いです。**

なので、映画にせよ、食べものにせよ、「よかった」「おいしかった」だけでなく、「なぜよかったのか？」「なぜおいしかったのか？」を聞きたくなるのです。

「面倒くさい」と思いましたか（笑）？

　しかし、**本当にフランス人と仲良くなりたいのであれば、自分からそうした姿勢を取っていくことが大切になります。**

「はじめに」でもお伝えしたとおり、言葉を学ぶことは、その国の文化を学び、理解することだと思います。

　先程の日本人女性とのデートの話でいうと、僕は最初、彼女の曖昧な態度・言葉に、ネガティブな印象を持ちました。

　しかし、日本に長く住む中で、そうした態度は相手を傷つけない、思いやりの心からきているのだと気づいたとき、彼女は僕に気を遣ってくれていたのかと感動したことを覚えています。
　そのとき初めて、彼女が僕に言った日本語を深く理解できたように思いました。

　こんなふうに、**自分から進んで相手の文化の中に入っていくことで、心の底からフランス語を理解できるようになっていきます。**

フランス語の疑問文

一番簡単な疑問形

「あの映画どうだった？」のように、フランスでは相手の意見を直接聞く
ことが多くなります。そんなときに必要になるのが、フランス語の疑問文
です。

　疑問文では、語順を変えたり、疑問詞を使ったりと、色々と覚える必要
があるのですが、まずはシンプルに作れる疑問文を紹介しましょう。

　これは文というよりは、言い方になりますね。

サ　ヴァ
Ça va.
サ　ヴァ
Ça va?

　書いてみると、同じ言葉ですが、最初のものは文末を下げるイントネー
ションで発音し、次のものは文末を上げるイントネーションをつけて発音
します。すると、次のように意味が変わってきます。

サ　ヴァ
Ça va.　　　　　　　　　　　　🔊)) 12-02
元気です。

サ　ヴァ
Ça va?
元気？

　文の形を変えなくても、このように文末を上げるだけで疑問文を作るこ
とができます。

Ça va?
<small>サ ヴァ</small>
元気?

◀)) 12-03

Oui, ça va.
<small>ウィ サ ヴァ</small>
ええ、元気よ。

疑問詞を使った疑問文

それでは、疑問詞を使ったものも見てみましょう。

Il était comment, ce film?
<small>イ レ テ コ マ ン ス フィルム</small>
あの映画どうだった?

◀)) 12-04

il が後ろの ce film を指していて、était が、ここでは英語でいう be 動詞の was と同じ働きをして「〜だった」という意味、comment が「どのような」という意味の疑問詞で、ce fime が「あの映画」という意味なので、全体として「あの映画、どうだった?」となります。

この例文の ce film の部分を入れ替えれば、色々なシチュエーションで使い回すことができます。

Il était comment, ce livre?
<small>イ レ テ コ マ ン ス リーヴル</small>
この本、どうだった?

◀)) 12-05

ce livre（ス リーヴル）で、「この本」という意味になります。p.162の Dialogue 2 14 の解説で、他の疑問詞の使い方も紹介しているので、参考にしてみてください。巻末ボキャブラリーで 疑 となっているものをチェックするのも良いと思います。

\ 13 /

休むために働く
フランス人

学べること

フランス人のワークライフバランス

→ フランス人の仕事に対する考え方を
理解できます。

休み明けに考えることは、「次の休み」?

　フランスの職場環境は日本とかなり違います。

　具体的にいうと、上司に敬語を使うことが日本と比べると少ないですし、同僚とランチに行って、そこでお酒を飲んでしまうこともあります。

　全ての会社で起こることではないですが、上記のようなことをして、「あり得ない」と思う人も少ない印象ですので、それだけでもかなり日本と仕事環境が違うのがわかると思います。

　これには、仕事に関する考え方の違いが関係しています。

　あえて言ってしまえば、仕事に過度に重きを置いていない人が多いのです。

フランスに住んでいる日本の友人はこんなことを言っていました。

> **レ フランセ トラヴァイ プール レ ヴァカンス**
> **Les Francais travaillent pour les vacances.** ◀))) 13-01
> フランス人はみんな休みのために働いているみたい。

　フランスでは年間で5週間もの有給休暇があり、定期的に連休もあります。なので、1週間の休暇をとって帰ってくると、「よし、次の休暇まであと3ヶ月だ」と思うこともよくあります（笑）。

　これにはフランスの失業保険制度が充実していることも関係しているように思います。
　フランスで失業した場合、新しい仕事が見つかるまでの期間、政府が前給料の80％まで補償してくれることがあるのです。日本にも雇用手当がありますが、それよりももらえる条件が少しゆるやかだと思います。

法律で保護されているワークライフバランス

フランスにはこんなことわざがあります。

> **オン ヌ ヴィ パ プル トラヴァイエ メ オン**
> **On ne vit pas pour travailler mais on** ◀))) 13-02
> **トラヴァーユ プル ヴィヴル**
> **travaille pour vivre.**
> 私たちは働くために生きているのではなく、生きるために働いているのだ。

　フランス人は業務時間内の生産性を重視しています。残業するよりは業務時間内にきっちり仕事を終え、自身の時間を楽しむことに重きが置かれています。

　僕がフランスで働いていた頃、たまたま勤務終了時間の18時を5分過ぎ

て働いていたのですが、それを見つけた上司が慌ててかけよってきて、「おい、オレリアン、もう18時5分だから帰りなさい！」と怒られたのを覚えています。

　また、**フランスには「つながらない権利」という法律があり、従業員50人以上の会社では勤務時間外にメールを送ったり、読んだりすることは禁じられています。**

　他には、**従業員は毎日少なくとも11時間連続して休養を取る必要があるという法律もあります。**
　午後10時に仕事を終えたとすると、その従業員は翌日の午前9時までは休まないといけないというわけです。

ストライキで意思表示する労働者

　ニュースなどで何となく聞いている人も多いと思いますが、**フランスの労働者は不当だと考えられる法律が成立しそうになったり、あるいは可決されてしまったりすると、ストライキを起こすことがよくあります。**
　これは、自身がフランスという国を支えているという自覚があり、そうした労働者をないがしろにするのであれば、それを撤回させるまではあくまでも抵抗するという考え方によるものです。

　こうして見ると、フランス人は「怠け者なの？」と思う方もいらっしゃるかもしれませんが、決してそんなことはなく、**仕事と生活を明確に分け、自由な時間を尊重するからこそ、仕事を効率的にこなせるという考え方**で働いているのです。そういった意味で、フランス人は勤勉であるといえるのです。

「この、その、あの」を表すフランス語

「この法律はおかしい」となれば、ストライキが起きるフランスですが、何かを指すときに使われる、「この、その、あの」という表現も日常では頻出になります。

代表的なものは ce ＋単数男性名詞、cette ＋単数女性名詞です。

> ス プロジェ アヴァンス ラ ビ ド マン
> **Ce projet avance rapidement.** 🔊)) 13-03
> このプロジェクトは急速に進んでいる。

プロジェ が「プロジェクト」という意味の単数男性名詞なので、ce projet で「このプロジェクト」という意味になります。avance が「進む」という意味の動詞で、rapidement が「急に、急速に」といった意味の副詞として、avance を修飾しています。

> セット ロワ エ ビザール
> **Cette loi est bizarre.** 🔊)) 13-04
> この法律はおかしい。

loi が「法律」という意味の単数女性名詞なので、cette が前にきて、「この法律」という意味になっています。est は être の活用形で、bizarre は「おかしい、奇妙な」といった意味になります。

複数の男性・女性名詞を修飾する場合は、ces を使います。

> セ ザンプルワイエ フォン ラ グレーヴ
> **Ces employés font la grève.** 🔊)) 13-05
> この従業員たちはストライキ中だ。

employés が「従業員」という意味の複数名詞で、それを ces が修飾し、「この従業員たち」という意味になります。font は「する」「作る」という意味の動詞で、grève が「ストライキ」という女性単数名詞、la が定冠詞になっています。

ces のあとに母音で始まる語が来ると、s と母音が結びついて、「ザジズゼゾ」と発音することになります。Lesson 9で学んだリエゾンです。ces と employés がくっついて、ces の s を読むので、「セ ザンプルワイエ」という発音になります。

男性名詞につく ce と cet は、次のような使い分けが必要になります。

> **ce** 子音または有音の**h**で始まる男性名詞の前
> **cet** 母音または無音の**h**で始まる男性名詞の前

まず子音で始まる語の前では ce、母音で始まる語の前では cet という区別があります。

ce livre　　　**ce soir**　　　　　◀))) 13-06
この本　　　　今晩

cet arbre　　　**cet après-midi**
この木　　　　今日の午後

arbre、après-midi は母音で始まっているので、「この木」「今日の午後」と言いたいときは cet にして、後ろの単語とくっつけて発音します。**これはもともと読む文字を後ろの母音とつなげて読むので、普通のリエゾンではなく「アンシェヌマン・リエゾン」と言い、普通は略して「アンシェヌマン」と言います。** être の活用で il est をイレとくっつけて発音していたのも同じアンシェヌマンです。

また、「有音の h」「無音の h」という耳慣れない言葉が出てきましたが、フランス語では h の文字はどんな場合でも発音しないので、母音で始まる語と同じ扱いになるのですが、これを「無音の h」と呼びます。「この」と言いたいときは母音で始まる語と同様に cet を使います。「ホテル」とか「館」を表す hôtel や、「人」や「男」を表す homme は無音の h なので、

cet hôtel　　　**cet homme**　　　🔊 13-07
このホテル　　　この人

この場合もアンシェヌマンして、cet hôtel、cet homme をそれぞれくっつけて読みます。

　一方で h で始まる語には、発音はしないのに、なぜか子音で始まる語と同じ扱いになる単語があり、これを「有音の h」と呼んでいます。たとえば「英雄」「主人公」を意味する héros や「格納庫」を意味する hangar はともに男性名詞ですが、有音の h なので、「この英雄」「この格納庫」と言いたかったら、

ce héros　　　**ce hangar**　　　🔊 13-08
この英雄　　　この格納庫

となります。無音の h のように cet に変えたりせず、ce héros、ce hangar をそのまま分けて読むわけです。

　このように「この、あの、その」と何かを指して話すときに便利な ce、cet、cette、ces は次に続く名詞によって形が変わるので注意が必要です。

\14/ 野菜や果物は 買う分を 自分で量りましょう

学べること

フランス語の数字

↳ フランス語で数を数えたり、
数字を使えるようになります。

野菜を量らないと怒られる

　フランスにいる日本人の友人に、「フランスで生活していて驚いたことはある？」と聞くと、多くの友人が共通して挙げることがあります。

それは、「スーパーで野菜の重さを自分で量ること」です。

　日本で買う野菜は1パックだったり、1個（たとえばアボカド1個）だったり、すでに重さや個数で値段づけがされている状態で売られているので、自分で量るということはほとんどしないですよね。

　僕の友人は、初めてフランスのスーパーで買いものをしたときに、全ての野菜を量らずに持っていったら、レジの人にすごく怒られたし、列の後ろの人にも同じように怒られたとビックリしていました。結局、彼女は手に取った野菜を全て量りに戻らねばならなかったそうです……。

フランスにも「お客様は王様です」という言葉がありますが、日本ほど、あらゆる場面でお客さんを立てるということはありません。

僕の知り合いのレストランのオーナーは、「お客さんは王様だ！ 嫌な客ではないかぎり！」と言っていました（笑）。この言葉がフランスの接客業の姿勢をよく表しているように思います。

皆さんもフランスに行ったときは、「郷に入っては郷に従え」と考えて、レジに行く前に自分で野菜や果物を量るようにしましょう。野菜や果物を売っているフランスのスーパーには、小さな袋と計量器があるので、次のように野菜や果物をきちんと量ってから買いましょう。

①野菜の周りに用意されているビニール袋を取る。
②袋の中に野菜を好きなだけ入れる（たとえば、みかん3個とか、なす2個とか1種類ずつ）。
③計量器があるので自分で量る。
④計量器の画面上で該当の野菜・果物を選べるので、クリックする。
⑤バーコードシールが出てくるので、それをビニール袋に貼って、レジで会計する。

最初は不便に思うこともあるかもしれませんが、慣れるとこのシステムにも良い面があります。パックで買わなくても、好きなものをちょうどいい量で買うことができるんです。

つまり、さくらんぼ4個とじゃがいも1個を買うことができるんです。便利でしょう？

スーパーで4時間買いもの

　子供のとき、両親と一緒にスーパーへ買いものに行ったことをよく覚えています。

　フランスでは2週間に1回、あるいは週に1回といった頻度で食料品の買いものをすることがよくあります。もちろん、誰もがこの頻度でするということではないですが、少なくとも私は、日本にいる今に比べ、フランスにいたときの方が一度に買う量が多かったです。買いものが一度で済むように、まとめて買うのです。

　なので、ときには、大きなスーパーに4時間以上滞在することもありました。

　そんなときは、買いもののあとで両親が食べさせてくれる、クロワッサンだけを楽しみにしていました（笑）。

レジで鞄やリュックの中身を見せる

　さらに、フランスのスーパーには日本と違うことがあります。それはレジで鞄の中身を見せることです。何も盗っていないということを示すためにやるのですが、日本では絶対ないことですよね。僕は日本に初めて来たとき、これをレジでやってしまって、店員さんが「ポカン」としていたのを覚えています。

スーパーやお店に入ったときは必ず店員さんに挨拶する

　最後にスーパーのことでお伝えしたいのは、挨拶についてです。フランスではスーパーだけでなく、お店やレストラン、スーパーなどに入ったら店員さんに Bonjour! と挨拶をして、帰るときは何も買っていなくても、「ありがとう、さようなら」という意味の、Merci, au revoir. を言います。

　スーパーに入って、店員さんが Bonjour! と声をかけてくれているのに、返事をしなかったら、それは失礼なことというか、感じが悪いと思われます。

　この習慣があるので、僕は初めて日本食レストランに入ったとき、「いらっしゃいませ」と言う店員さんに、「いらっしゃいませ」と返したのですが、一緒にいた日本人の友人に「何やってるんですか」とつっこまれてしまいました（笑）。

　しかし、声をかけてくれる店員さんに何も言わないのはなんだか落ちつかないので、「いらっしゃいませ」と言われたら、必ず「こんにちは！」と言っています。

● フランスにいた頃の習慣で、店員さんに挨拶 ●

フランス語の数字

0 〜 1000までの数字の数え方

スーパーでものを量るときにかぎらず、フランス語で数字を使う機会は
たくさんあるので、事前にしっかりと学んでおきましょう。

🔊))) 14-01

	ゼ ロ	
0	**zéro**	

アン
1 **un**

ド ゥ
2 **deux**

ト ロ ワ
3 **trois**

キ ャ ト ル
4 **quatre**

サ ン ク
5 **cinq**

ス ィ ス
6 **six**

セ ッ ト
7 **sept**

ユ ィ ッ ト
8 **huit**

ヌ フ
9 **neuf**

ディ ス
10 **dix**

---

1 〜 10までは1つの数字に対して1単語と、とても簡単ですね。

🔊))) 14-02

オ ー ン ズ
11 **onze**

ド ゥ ー ズ
12 **douze**

ト レ ー ズ
13 **treize**

キ ャ ト ー ル ズ
14 **quatorze**

	キャーンズ
15	quinze
16	seize

ここから少しややこしくなってきますね。

10以降は1 〜 9を組み合わせて使う日本とは異なり（例：12）、フランスでは16までの数字に独自の単語が使われています。

	ディ（ス）セット	🔊 14-03
17	dix-sept	
18	dix-huit	
19	dix-neuf	

しかし、17、18、19は日本語と同じように10＋7、10＋8、10＋9というように2つの数字のコンビネーションとなります。これがまた、ややこしいですね（笑）。

20、30、40、50、60は次のようになっています。

	ヴァン	🔊)) 14-04
20	vingt	
30	trente	
40	quarante	
50	cinquante	
60	soixante	

では、21から29まで一桁目に数字が入っているときはどう言うかというと、

21	vingt et un
22	vingt-deux
23	vingt-trois
⋮	
29	vingt-neuf

ヴァンテ アン（21 vingt et un）
ヴァン(ト) ドゥ（22 vingt-deux）
ヴァン(ト) トロワ（23 vingt-trois）
ヴァン(ト) ヌフ（29 vingt-neuf）

　というように、21のときだけ et を入れて un をつけて vingt et un という形になります。22から29までは vingt のあとに et は入れず、英語でいうハイフン（フランス語ではトレデュニオンと言いますが）をつけて2から9までつなげます。これは60台まで同じです。

　発音は、21の vingt et un の vingt et のところはリエゾンして、ヴァンテと読みますが、et のあとは決してリエゾンしてはいけない（つなげて読んではいけない）、というルールがあるので、ここはくっつけないで単に「アン」と読んで、全体としては「ヴァンテアン」というような発音になります。

　22は、「ヴァンドゥ」と読む人が多いですが、「ヴァント ドゥ」と t を弱く読むのが正式です（それは29まで同じです）。

　31のときは trente et un となりますが、trente et の発音はトラントとエがくっついてトランテとなります。これは p.110で学んだ「アンシェヌマン」です。

　そのあと69までは同じパターンです。つまり一桁の数が1のときだけ et を入れて、アンシェヌマンでつなげて読み、2から9までは –（トレデュニオン）でつなぎます。

🔊)) 14-06

30	**trente**	トラント
31	**trente et un**	トランテ アン
32	**trente-deux**	トラント ドゥ
⋮		
40	**quarante**	キャラント
41	**quarante et un**	キャランテ アン
42	**quarante-deux**	キャラント ドゥ
⋮		
48	**quarante-huit**	キャラント ユィット
⋮		
50	**cinquante**	サンカント
51	**cinquante et un**	サンカンテ アン
⋮		
57	**cinquante-sept**	サンカント セット
⋮		
60	**soixante**	ソワサント

なんで一桁が1のときだけ et を入れるのか？　それはフランス人の僕でもわかりません（笑）。

ようやく、60までできました。

実はややこしいのはこのあとなんです。

69までは今までと同じパターンで、

69	**soixante-neuf**	ソワサント ヌフ

🔊)) 14-07

と言いますが、フランス語にはなぜか70を一言で言う言葉がありませ

ん。ではどうするかというと、69が60+9という言い方をしているそのままの続きで、60+10という言い方をして、

70	ソワサント ディス **soixante-dix**	🔊))) 14-08

と言います。実にシンプルですね（笑）。

そして、71のときは et をつけて、今度は11を足して71とします。

71	ソ ワ サ ン テ オーンズ **soixante et onze**	🔊))) 14-09

72以降は et をつけずに ‒（トレデュニオン）でつないで12、13、14と足していきます。つまり、

	🔊))) 14-10
72	ソワサント ドゥーズ **soixante-douze**
73	ソワサント トレーズ **soixante-treize**
74	ソワサント キャトールズ **soixante-quatorze**
75	ソワサント キャーンズ **soixante-quinze**
76	ソワサント セーズ **soixante-seize**
77	ソワサント ディ（ス）セット **soixante-dix-sept**
78	ソワサント ディズュイット **soixante-dix-huit**
79	ソワサント ディズヌフ **soixante-dix-neuf**

となります。

　80はというと、またこれも一言で言う言葉がなく、4つの20みたいな言い方で、

80	キャトル　ヴァン **quatre-vingts**	🔊))) 14-11

となります。変ですか？　実は僕はフランスにいるときは、この言い方になんにも疑問を持っていなかったんですが、日本のシンプルな数字の数え方に慣れると、ちょっと変に見えるから不思議です（笑）。

81からは一桁の数字が1でも<ruby>et<rt>エ</rt></ruby>は入れなくなります。これも、「なんで？」って感じですが、しばらく我慢して説明を聞いてください。

81	キャトル　ヴァン　アン **quatre-vingt-un**	🔊))) 14-12

<ruby>キャトル<rt></rt></ruby>　<ruby>ヴァン<rt></rt></ruby>**quatre-vingts は20が4つあるから、最後にsがつくわけなんですけど、次のように、後ろに数字がつく場合はこのsは省略します。**

		🔊))) 14-13
82	キャトル　ヴァン　ドゥ **quatre-vingt-deux**	
83	キャトル　ヴァン　トロワ **quatre-vingt-trois**	
84	キャトル　ヴァン　キャトル **quatre-vingt-quatre**	
85	キャトル　ヴァン　サンク **quatre-vingt-cinq**	
86	キャトル　ヴァン　スィス **quatre-vingt-six**	
87	キャトル　ヴァン　セット **quatre-vingt-sept**	
88	キャトル　ヴァン　ユィット **quatre-vingt-huit**	
89	キャトル　ヴァン　ヌフ **quatre-vingt-neuf**	

とここまで来ましたが、90も一言で言う単語がありません。

なので、**70のときに60＋10、71のときに60＋11というふうに言ったのと同じパターンで行きます。91のときも<ruby>et<rt>エ</rt></ruby>はいりません。**

90	キャトル ヴァン ディス **quatre-vingt-dix**	◀))) 14-14
91	キャトル ヴァン オーンズ **quatre-vingt-onze**	
92	キャトル ヴァン ドゥーズ **quatre-vingt-douze**	
93	キャトル ヴァン トレーズ **quatre-vingt-treize**	
94	キャトル ヴァン キャトールズ **quatre-vingt-quatorze**	
95	キャトル ヴァン キャーンズ **quatre-vingt-quinze**	
96	キャトル ヴァン セーズ **quatre-vingt-seize**	
97	キャトル ヴァン ディ（ス）セット **quatre-vingt-dix-sept**	
98	キャトル ヴァン ディズュイット **quatre-vingt-dix-huit**	
99	キャトル ヴァン ディズヌフ **quatre-vingt-dix-neuf**	

そして

100	サン **cent**	◀))) 14-15

となります。そのあとは以下のようになります。

119	サン ディズヌフ **cent dix-neuf**	◀))) 14-16
200	ドゥ サン **deux cents**	
240	ドゥ サン キャラント **deux cent quarante**	
500	サン サン **cinq cents**	
567	サン サン ソワサント セット **cinq cent soixante-sept**	
1000	ミル **mille**	
1789	ミル セット サン キャトルヴァン ヌフ **mille sept cent quatre-vingt-neuf**	
2000	ドゥ ミル **deux mille**	
2024	ドゥ ミル ヴァント キャトル **deux mille vingt-quatre**	

　だいたいはそのままうしろに足していけばいいんですけど、**119**ならそのまま19をつけて119　cent dix-neuf となります。200のようにぴったりのときは deux cents とsがつきますが、**240**　deux cent quarante と後ろに数字がつくときはsを落とします。80台のときと同じですね。

　1000は mille ですが、**2000**のときは deux mille と最初からsをつけません。

「だから、なんで？」と言わずに少しずつ覚えていってください。

　sをつけたりつけなかったり、というのは実はフランス人もけっこう間違えるので、まずは100までの数字を聞き取れるようになること、そして言えるようになることを目指してください。

　それだけでも、次のように、フランス語の日常会話の中で、数字を使うことができるようになります。

🔊))) 14-17

J'ai acheté quatre bananes.
バナナを4房買いました。

Je mange deux pommes tous les matins.
毎朝、リンゴを2個食べます。

Ce soir, quinze personnes vont venir chez moi.
今晩、僕の家には15人が来る予定だ。

Je suis né en mille neuf cent quatre-vingt-sept.
僕は1987年に生まれた。

\ 15 /
毎日は食べられない
クロワッサン

学べること

フランスの食文化

→ フランス人とパンの関係について理解できます。

毎日食べたいけれど……

「フランスといえば……。クロワッサン！　クロワッサン！　フランス人は毎朝クロワッサンを食べているんでしょう？」

僕が日本の友人にフランスのイメージを聞くと、だいたいこんな答えが返ってきます（笑）。

このイメージは半分当たっていて、半分外れているかな。

毎日食べているかというと、実はそうでもない。日本に比べて若干安いとはいえ、フランスでクロワッサンは150円くらいするし、ブランジェリという、お店の人が小麦を選んで、自分で焼いたパンを売っているお店に早朝に行かないといけない。すぐに売り切れちゃうから。

　これを毎日続けることは難しいので、毎日は食べられない。でも、歩いてすぐのところにブランジュリがあるとか、苦労せずに食べられるなら、毎日食べたいと思っている。そういう意味で、毎日クロワッサンを食べているというのは半分当たっていて、半分外れていると言えます。

　それでも、週に一度は必ずクロワッサンを食べているし、仕事がない週末は早朝にクロワッサンやバゲットを買ってきて、家族みんなでのんびり食べるのがフランスのよくある朝食の風景です。

　子供の頃、毎朝父か母に連れられて学校へ行くとき、ブランジュリへ寄り、通学路で食べるためのクロワッサンを買ってもらったのが、今でも良い思い出として残っています。

　そして、クロワッサンと同じくらい思い出に残っているのがバゲットです。

　バゲットについてはほぼ毎日食べていました。少なくともクロワッサンよりは高い頻度です。どの時間帯の食事にも合うんです。冷凍しておいて、必要なときにオーブンで焼くというのもよくやっていました。

　バゲットは冷凍保存ができ、温めれば焼き立てのようになるので、うちの冷凍庫にはいつもバゲットがたくさん入っていました。

日本とフランスで違う、バゲットの食べ方

　バゲットをいつも食べていると言いましたが、バゲットに関する文化は日本とフランスでかなり違います。

　まず、運び方です。**日本では、ほとんどの場合、バゲットを袋に入れて口を閉じますよね。こうすると、バゲットの周りが柔らかくなってしまう**

ので、フランスでは絶対に袋を閉じて、運ぶことはありません。

　フランスではバゲットは外がカリカリになっているのが、美味しいとされています。

　また、他にも違いがあります。

　バゲットはテーブルの上に置き、お皿の中には入れず、決して裏向きにしません（縁起が悪いので）。日本でも裏向きで置くことはないと思いますが、バゲットが裏向きでテーブルにあること自体をフランス人は嫌います。

　食事中に誰かが誰かにバゲットを渡すときは、相手のお皿の中ではなく、相手の目の前のテーブルの上に置きます。

　ちなみに僕の家では、父がいつもバゲットを投げてくれていました。僕たちは7人家族で、いつも大きなテーブルで食事をしていました。なので、父はいつもパンを手でちぎり、それをテーブルにいる僕たち一人ひとりに投げてくれていたのです。バゲットのことを考えると、いつもその情景が思い出されます。

デザートの食べ方まで違う

　これは妻に指摘されるまで気づかなかったのですが、**フランスでは家でもレストランでも、デザートは95％スプーンで食べるんです。**
　フォークを使うことはありません。実は、日本に行くまで、小さなデザートフォークを見たことがありませんでした。

　これは食器の置き方を見ると、わかりやすいです。

　フランスでは、中央にお皿、左にフォーク、右にナイフ、そして上にスプーンという配置になります。

　ご覧のとおり、デザートのためのフォークはどこにも用意されていないのです。

● **フランスの食器の置き方** ●

Lesson 15

位置を表す前置詞

「〜の前」「〜の後ろ」などを表す前置詞

「バゲットはテーブルの上に置く」というフランスの食習慣をご紹介しましたが、物の位置を表すにはフランス語の前置詞を使います。

ここまでに紹介したクロワッサンやバゲットを使った例文でサクッと覚えちゃいましょう。ここではひとまず、紹介している前置詞と、そのあとの名詞の意味がわかれば問題ないです。

🔊))) 15-01

devant
ドゥヴァン
〜の前

devant la boulangerie
ドゥヴァン ラ ブランジェリ
ブランジェリ**の前**

---

boulangerie は「パン屋」、つまりお店のことをさします。対して、p.129
ブランジェリ
に出てくる boulanger は「パン屋の主人」を指します。ですので、そこに
ブランジェ
行く場合は、「（人）の家に」の意味の chez と一緒に使います。つまり「パ
シェ
ン屋に行く」と言いたいときは、aller à la boulangerie と言うか、aller chez
アレ ア ラ ブランジェリ   アレ シェ
le boulanger と言うかどちらかです。
ル ブランジェ

🔊))) 15-02

derrière
デリエール
〜の後ろ

Papa a lancé un morceau de pain derrière
パパ ア ランセ アン モルソ ド パン デリエール
moi.
ムワ
お父さんが私**の後ろ**からパンを一切れ投げた。

スール
sur
〜の上

ラ バゲット スール ラ ターブル
la baguette sur la table
テーブル**の上**のバゲット

スー
sous
〜の下

ル クロワッサン エ トンベ スー ラ ターブル
Le croissant est tombé sous la table.
テーブル**の下**にクロワッサンを落とした。

ア コテ ド
à côté de
〜の隣

マ ママン キ エ タシーズ ア コテ ド ムワ
Ma maman qui est assise à côté de moi,
ア アトラペ ル モルソ ド パン
a attrapé le morceau de pain.
僕の**隣**に座っている母が一切れのパンを受け取った。

🔊))) 15-03

なお、être の現在形のあと、母音で始まる語が来る場合は、リエゾンする場合が多いです（最近は昔ほどはしないのですが）。est は単独では「エ」ですが、後ろの assise「アシーズ」と一緒になると est の最後の t が後ろの a と一緒に読まれて、est assise で「エタシーズ」という発音になります。

シェ
chez
〜の家に、〜の店に

ジュ ヴェ シェ ル ブランジェ プール アシュテ ウン
Je vais chez le boulanger pour m'acheter une
バゲット
baguette.
僕はクロワッサンを買いにパン屋へ行く。

🔊))) 15-04

Topic

\ 16 /

日曜日は特別な日

学べること

フランスの日曜日

↳ **フランス人にとっての休日が どんなものかわかります。**

フランス人とキリスト教

フランスはもともとキリスト教信仰の強い国です。なので、私たちの文化の多くは、キリスト教と強く結びついています。**国民の祝日の多くは宗教的なできごとを祝うものです。**

日曜日も聖書からの由来で休みとなっています。聖書では、神は1週間で全世界を作ったとされています。

はじまり　神が創造を始めた
1日目　光が創造された
2日目　空が生まれた
3日目　乾いた土地、海、植物、木が創造された
4日目　太陽、月、星が創造された

5日目　海に住む生き物と空を飛ぶ生き物が創造された

6日目　土地に住む動物、そして最後に神に似せて作られた人間が創造された

7日目　神は創造の仕事を終えて休息された

　　　　神は第7を祝福し、これを聖なる日と定めた

7日目は日曜日で、神様が休まれた日です。そのため、日曜日は聖なる日（神聖な日）となりました。今でもフランスでは日曜は特別な日です。

日本でも日曜日が休みという点は同じですが、捉え方が少し違っています。

私がフランスにいた7年前、日曜日にはほとんどのお店が閉まっていました。

土曜日の夜に買いものをし忘れた場合、日曜日に開いているスーパーを見つけるのはとても難しかった記憶があります。

最近になって、どのお店も日曜日に閉まってしまうのは不便なのではないかという声が上がり始めました。

しかし、そのときにも、日曜に働くべきか否かという問題がずっとフランスの中で議論され、ついに、残業手当は通常の倍額、ベビーシッターの補助等といった条件がついて、大手デパートなどから日曜に営業を開始するお店もでてきました。

今では日曜日に働くということが浸透し始めたフランスですが、上記のような議論が起こるほど、日曜日は休むべきという考えが根強くあります。

日曜は本来家族で過ごす日なので、家族で公園に行ったり、ケーキを焼いたり、美味しいランチを一緒に食べたりします。

　なので、日曜日というと、家族で過ごした日々がいつも思い出されます。

　子供の頃、日曜日に友達との約束を入れると両親に怒られました。当時は「なんで日曜日に友達と遊んではいけないんだろ？」と両親が言っていることがいまひとつわかりませんでした。

　しかし、今では日曜日は家族で過ごす大切な日であると伝えたかったのだと、その意図がわかるようになりました。

フランス語の時制と活用形

時制の使い分け

　フランスの日曜日について、僕の幼少期の思い出も含めて紹介しましたが、思い出話をするとき、日本語と同じようにフランス語でも過去形を使うことになります。

　日常会話では、「誰が〜した」とか「〜は〜だった」とか、過去形を使うことが多いですよね。**会話でよく使われるフランス語の過去形は、大きく分けて、次の2つになります。**

　・複合過去形　passé composé
　　　　　　　　バ セ　コ ン ポ ゼ
　・半過去形　　imparfait
　　　　　　　　アン バ ル フェ

「複合過去」は過去の動作を表すときに使われます。

> イエル　ジェ　マンジェ　アン　クロワッサン
> **Hier, j'ai mangé un croissant.**　🔊)) 16-01
> 昨日、私はクロワッサンを食べた。

　これは、「私は日曜日にクロワッサンをよく食べていた」という習慣ではなく、あくまで、「昨日、クロワッサンを食べた」という過去の動作を表す時制になります。ここでは動詞部分の活用の説明はいったん省きますので、「複合過去」というのは、過去の習慣などでなく、あくまでも過去の動作を表すということだけをおさえておいてください。

「半過去」は過去の状態や反復した動作を表します。

> \text{カン ジェテ プティ オン マンジェ デ}
> **Quand j'étais petit, on mangeait des**
> \text{クロワッサン トゥー レ ディマンシュ}
> **croissants tous les dimanches.** 🔊))) 16-02
>
> 私が子供の頃は、日曜日はいつもクロワッサンを食べていました。

　ここでは、j'étais の部分で子供の頃という過去の状態、mangeait の部分で過去の習慣を表しています。まさに私が先程お伝えしたような過去の反復した動作、習慣を言うときは、この「半過去形」を使うわけです。例文の詳細や、動詞の活用については後ほど説明するので、「半過去形」が上記のようなもので、過去の状態や反復した動作を表すということを理解してください。

　このように、会話で主に使う時制は「複合過去形」と「半過去形」に分かれ、同じ過去のことでも、しっかりと使い分けがされます。

　ここまでざっくりと、過去形の時制についてお話ししましたが、**こうした時制を使うときに大切なのが、活用形です。**フランス語はそれぞれの時制で、動詞が複雑に変化するので、実際にフランス語を話すときには、動詞の活用を理解することがとても大切になります。

　ただ、この活用、いきなり全部を覚えるのはとてもとても難しいです。

　そこで、ここからは先程挙げた例文をベースに活用を紹介していきますが、Topic やこれまで紹介した例文と関連が薄い情報や知識については、+ α という項目にまとめるようにします。

　Topic に関連した活用だけを知りたい方は + α の部分を読み飛ばしてしまっても、構いません。

　+αの部分は、今後皆さんが、さらにフランス語を学んでいく上で、知らなくてはいけない部分になりますので、本書の内容を一通り読み終えたあとで、さらにフランス語の知識を深めたければ、読んでください。

時制の動詞活用

　先程の過去形の時制を見る前に、基本を知っておく必要があるので、まずは現在形の活用から見てみましょう。すでに、être、avoir、allerについては Lesson 3でやっていますね。ここでは、p.23で出てきた、「話す」という意味のparler、p.151で出てくる「踊る」という意味のdanser、先程p.133で出てきた、「食べる」という意味の manger から見ていきましょう。

---

parler　現在形活用　第一群規則動詞　🔊 16-03

話す

Je parle

Tu parles

Il/Elle parle

Nous parlons

Vous parlez

Ils/Elles parlent

---

danser　現在形活用　第一群規則動詞　🔊 16-04

踊る

Je danse

Tu danses

Il/Elle danse

Nous dansons

Vous dansez

Ils/elles dansent

マンジェ
manger　現在形活用　第一群規則動詞　🔊)) 16-05
食べる

ジュ　マンジュ
Je mange
テュ　マンジュ
Tu manges
イル エル　マンジュ
Il/Elle mange
ヌ　　　マンジョン
Nous mangeons
ヴ　　マンジェ
Vous mangez
イル　エル　マンジュ
Ils/Elles mangent

　いきなりたくさんの活用を見て、「何これ？」と混乱してしまった人もいるかもしれませんが、1つの単語につき、1つずつ覚える必要はないんです。

　上記のように、-er で終わる動詞（aller を除く）は第一群規則動詞と言って、活用の語尾は

ジュ
Je　　　　　　　　-e
テュ
Tu　　　　　　　 -es
イル エル
Il/Elle　　　　　 -e
ヌ
Nous　　　　　　-ons
ヴ
Vous　　　　　　-ez
イル　エル
Ils/Elles　　　　 -ent

と共通のものになります。

　なんて難しい言葉が出てきましたが、ようは -er で動詞がおわるときは（aller を除く）、上記のように活用するということです。

　ここで、「あれ？」と気づいた方はいらっしゃいますか？
　manger（食べる）の nous のときは ons の前によけいな e が入っています。
　これは g のあとに ons をつけて、mangons とすると、読み方のルールで「マンゴン」と読まれてしまうので、そのように読まれず、「マンジョン」と読まれるよう、mangeons としているのです。つまり、manger の現在形の活用は、ちょっと特殊なものだというわけです。

🔊))) 16-06

Il parle français.
彼はフランス語が**話せ**ます。

Elle danse bien.
彼女は**ダンスが**上手だ。

Nous mangeons des croissants tous les dimanches.
私たちは日曜日にクロワッサンを**食べ**ます。

+ α

　現在形の動詞の活用はこれだけでなく、次のようなものもあります。

フィニール
finir 現在形活用 第二群規則動詞

終える、終わる

ジュ フィニ
Je finis
テュ フィニ
Tu finis
イル エル フィニ
Il/Elle finit
ヌ フィニソン
Nous finissons
ヴ フィニセ
Vous finissez
イル エル フィニス
Ils/Elles finissent

　これは -ir で終わる多くの動詞の活用で、第二群規則動詞といいます。この現在形の活用の語尾は

ジュ
Je　　　　　　　-s
テュ
Tu　　　　　　　-s
イル エル
Il/Elle　　　　-t
ヌ
Nous　　　　　　-ssons
ヴ
Vous　　　　　　-ssez
イル エル
Ils/Elles　　　-ssent

となります。

　またまた、第二群規則動詞なんていう、難しい言葉が出てきましたが、-ir で終わる多くの動詞の活用は、語尾が上記のようになると理解できれば大丈夫です。

　ただ、sortir(出る、出かける)、partir(出発する) は -ir で終わっているけれど、違う活用になります。これは不規則動詞ですが、sortir と partir は同じパターンなので、覚えてしまうと便利です。

sortir 現在形活用　第二群規則動詞　🔊))) 16-08

ソルティール

出る、出かける

ジュ ソール
Je sors
テュ ソール
Tu sors
イル エル ソール
Il/Elle sort
ヌ ソルトン
Nous sortons
ヴ ソルテ
Vous sortez
イル エル ソルト
Ils/Elles sortent

partir 現在形活用　第二群規則動詞　🔊))) 16-09

パルティール

出発する

ジュ パール
Je pars
テュ パール
Tu pars
イル エル パール
Il/Elle part
ヌ パルトン
Nous partons
ヴ パルテ
Vous partez
イル エル パルト
Ils/Elles partent

🔊))) 16-10

レ クラス フィニス ア キャタラール
Les classes finissent à quatre heures.
授業は4時に**終わります**。

エル ソール トゥー レ ソワール
Elle sort tous les soirs.
彼女は毎晩**出かける**。

ル トラン パール ダン サンク ミニュット
Le train part dans cinq minutes.
列車は5分後に**出ます**。

複合過去形の活用

　先程ご説明したとおり、「**複合過去**」は過去の動作を表すときに使われます。

> イエール　ジェ　マンジェ　アン　クロワッサン
> **Hier, j'ai mangé un croissant.**　　🔊)) 16-11
> 昨日、私はクロワッサンを**食べた**。

　この ai mangé の動詞部分ですが、これは avoir の現在形 ＋ 過去分詞
形という形からできています。これは、p.35でちょっとやりましたね。
manger（食べる）のような、-er で終わる第一群規則動詞の過去分詞形は、
語尾の -er が、é となります。過去分詞形の形はいつも同じで、主語によっ
て活用が変わることはありません。

　先程紹介した動詞の例で言うと、

> マンジェ　　　マンジェ　　ダンセ　　ダンセ
> **manger → mangé　danser → dansé**　　🔊)) 16-12
> パルレ　　　パルレ
> **parler → parlé**

のように、変化するわけです。
なので、avoir の現在形 ＋ manger の過去分詞形で、

> ジェ　マンジェ
> **j'ai mangé**

となり、「私は食べた」という過去の動作を表すわけです。
　このように「avoir の現在形 ＋ 過去分詞形」で、過去の動作を表すこ
とができます。ここでは「なんでこの組み合わせなの？」「過去分詞って
何？」といったように、深く考えすぎない方が良いです。過去の動作を表
すときは、「avoir の現在形 ＋ 過去分詞形」という形になる、これだけを
理解できれば問題ありません。

🔊))) 16-13

マンジェ
manger　複合過去の活用（過去分詞形）
食べる

ジェ　マンジェ
J'ai mangé
テュア　マンジェ
Tu as mangé
イラ エラ　　マンジェ
Il/Elle a mangé
ヌ ザ ヴォン　マンジェ
Nous avons mangé
ヴ ザ ヴェ　マンジェ
Vous avez mangé
イルゾン　エ ル ゾン　マンジェ
Ils ont/Elles ont mangé

+ α

　p.138の + α で紹介した第二群規則動詞の場合、過去分詞形は -i で終わります。

フィニール　　フィニ
finir → fini

🔊))) 16-14

ソルティール　パルティール
sortir や partir も同じです。

ソルティール　　ソルティ　　パルティール　　パルティ
sortir → sorti　partir → parti

🔊))) 16-15

ただ、ヴニール（来る）や tenir（取る）は ir で終わっていますが、語尾は u になります。
トゥニール

ヴニール　　ヴニュ　　トゥニール　　トゥニュ
venir → venu　tenir → tenu

🔊))) 16-16

　その他いくつか過去分詞形と覚えておかなければいけない動詞があります。

フェール フェ **faire → fait** する、作る	ブランドル プリ **prendre → pris** 取る、乗る、食べる
メットル ミ **mettre → mis** 置く	アヴォワール ユ **avoir → eu** 持つ
エートル エテ **être → été** ある、いる、〜である	

🔊))) 16-17

複合過去のもう1つの活用

　複合過去にはもう1つ形があって、aller（行く）、venir（来る）、partir（出
発する）、arriver（到着する）、sortir（出かける）など、どこかに行ったり、戻っ
て来たりするような移動を表す動詞では、「être + 過去分詞」の形になり
ます。

ジュ スュイ ザレ ア パリ ラ ネ デルニエール
Je suis allé à Paris l'année dernière.　🔊))) 16-18
私は去年、パリに**行った**。

イ レ ソルティ アヴェク ジュリ イエール
Il est sorti avec Julie hier.
彼は昨日、ジュリーと**出かけた**。

　さらに、もう1つ面倒なルールがあるのです。「être + 過去分詞」の形の
場合、主語が女性だったら過去分詞に e をつける。主語が複数なら s をつ
ける。主語が女性の複数なら es をつけるというものです。

コ ト ミ エ ソルティ アヴェク ベ ベ チャン イエール
Kotomi est sortie avec Bebechan hier.　🔊))) 16-19
ことみは昨日、べべちゃんと**出かけた**。

イル ソン ヴニュ シェ モワ イエールソワール
Ils sont venus chez moi hier soir.
彼らは昨晩、僕の家に**来た**。

aller　複合過去の活用（過去分詞形）　🔊))) 16-20
行く

Je suis allé(e)
（ジュ スイ ザレ）

Tu es allé(e)
（テュ エ ザレ）

Il est allé
（イ レ タレ）

Elle est allée
（エ レ タ レ）

Nous sommes allé(e)s
（ヌ ソ ム ザレ）

Vous êtes allé(e)(s)
（ヴ ゼット ザレ）

Ils sont allés
（イルソン タレ）

Elles sont allées
（エ ル ソン タ レ）

半過去 imparfait（アンパルフェ）

　半過去は、先程ご説明したように、「過去の状態や、反復された動作」を表すときに使います。一回だけの動作ではなくて、過去に習慣的に繰り返された動作を表します。

Quand j'étais petit, on mangeait des　🔊))) 16-21
（カン ジェテ プティ オン マンジェ デ）
croissants tous les dimanches.
（クロワッサン トゥー レ ディマンシュ）
私が子供の頃は、日曜日はいつもクロワッサンを食べていました。

　j'étais（ジェテ）の方は過去の状態、on mangeait（オン マンジェ）の方は過去の反復された動作を示しています。

　quand（カン）は英語の when と同じで、「〜する（した）とき」を表す接続詞です。j'étais petit（ジェテ プティ）で「私は子供だった」という過去の状態を表しています。このように、「過去のある一時点での状態」を表すときは、半過去という

時制を使います。別に「半分、過去」という意味ではありません（笑）。

　そして、on mangeait（オン　マンジェ）も同じように半過去の活用形になっているのですが、ここでは「私たちはクロワッサンを食べていた」という習慣を表しています。過去に繰り返し行っていた動作を表すときも、半過去が使われます。

　では、半過去の活用形の作り方を見ていきましょう。

　半過去の活用の語尾は全ての動詞に共通しています。

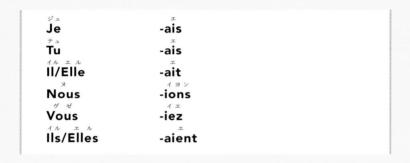

最後の -aient の ent は読まないので、気をつけてください。

　そして、上記の語尾の前の部分の作り方にもルールがあります。この作り方は être（エートル）を除いて全て同じです。

　今まで紹介した動詞の現在形の活用形を見てみましょう。nous（ヌ）のときはどうなっていましたっけ？　＋αの部分を飛ばされた方は、次のページを見て、nous（ヌ）の活用形だけを見てください。

エートル
être　　　　ヌ　　　　ソ　　ム
　　　　　　　nous sommes
アヴォワール
avoir　　　ヌ　　　ザヴォン
　　　　　　　nous avons
アレ
aller　　　ヌ　　　ザロン
　　　　　　　nous allons
パール
parler　　　ヌ　　　パルロン
　　　　　　　nous parlons
フィニ
finir　　　ヌ　　　フィニソン
　　　　　　　nous finissons
ソール
sortir　　　ヌ　　　ソルトン
　　　　　　　nous sortons

エートル
être 以外はみんな ons で終わっていますね。この ons を取って、残りの
部分が半過去を作るときの、語尾の前部分になります。être だけは ons が
ないので、

アヴォワール　　　アヴォン
avoir → avons → av
アレ　　　　アロン
aller → allons → all

のようになります。

これを先程の語尾に当てはめてみると

🔊))) 16-22

アヴォワール
avoirの半過去形の活用

持つ

ジャヴェ
j'avais
テュ　アヴェ
Tu avais
イ ラヴェ　　エ ラ ヴェ
Il avait/Elle avait
ヌ ザ ヴィヨン
Nous avions
ヴ ザ ヴィ エ
Vous aviez
イ ル ザ ヴェ　　エ ル ザ ヴェ
Ils avaient/Elles avaient

アレ
allerの半過去活用　　　🔊))) 16-23

行く

ジャ レ
J'allais
テュ アレ
Tu allais
イ ラ レ　　エ ラ レ
Il allait/Elle allait
ヌ ザ リ ヨ ン
Nous allions
ヴ ザ リ エ
Vous alliez
イル ザ レ　　　エル ザ レ
Ils allaient/Elles allaient

マン ジェ
mangerの半過去活用　　　🔊))) 16-24

食べる

ジュ マン ジェ
Je mangeais
テュ マン ジェ
Tu mangeais
イル マンジェ　　エル マン ジェ
Il mangeait/Elle mangeait
ヌ マン ジョン
Nous mangions
ヴ マン ジィ エ
Vous mangiez
イル マン ジェ　　エル マン ジェ
Ils mangeaient/Elles mangeaient

　と、先程の現在形と同じ理由で、nous と vous を除いて、mang のあとに e が入ります。

　être だけは nous のときの形が全然違うし、このルールが当てはまらないので、語尾の前部分は ét とおさえておいてください。

146

エートル
être の半過去活用　　　　　　　　　🔊)) 16-25

ジェ　テ
J'étais
テュ　エ　テ
Tu étais
イル　ゼ　テ　　エ　レ　テ
Il était/Elle était
ヌ ゼ ティ [チ] ヨン
Nous étions
ヴ ゼ ティ [チ] エ
Vous étiez
イル　ゼ　テ　　エル　ゼ　テ
Ils étaient/Elles étaient

　　　　　　　　ジェ　テ　　　　　　オン　マンジェ
これで、j'étais と on mangeait の活用のルールもわかったと思います。

　ここまで、かなりの情報量があったと思いますので、この時点で少し混乱してしまっても、それが普通ですので、安心してください（笑）。

　本書をひととおり読み終えたら、本書で紹介している例文や、Dialogue の会話を繰り返し読み、ここで紹介した活用のルールをそのつど当てはめてみてください。これを繰り返すことで、だんだんと活用形のルールが頭に定着してくるはずです。

Topic

\ 17 /

ホームパーティーに遅刻していくのは礼儀

学べること

フランス人の時間感覚

↳ ホームパーティーに遅刻するフランス人に腹を立てることがなくなります。

ホームパーティーには15分ほど遅れていく

フランスでは午後6時からホームパーティーがある場合、午後6時に到着すると無礼とみなされることがあります。

ホームパーティーには15分遅れで到着するのが正しいエチケットです。これをフランス語では le quart d'heure de politesse（礼儀の15分（1／4時間））と言います。

時間ぴったりに行くと、ホストがまだ料理やパーティーの準備をしているときに到着することになり、ちょっと失礼にあたります。

僕のフランス人の友人はあるホームパーティーに参加したのですが、主催者のアパートに5分前に到着してしまい、失礼のないように寒い中20分

ほど外で待ったことがあったと言っていました（笑）。

　こう書くと、フランス人は遅刻する人が多いと思うかもしれませんが、ホームパーティーの場合は相手に気を遣ってわざと15分遅れて行くだけで、実際、友人同士の待ち合わせではあまり遅れることはありません。

　また、レストランなどのお店の開店や閉店も遅れることはほとんどありません。

　ただ、電車やバスといった公共の交通機関はよく遅れます。

● 開始時刻の15分後まで待つ ●

（　　時を表す前置詞　　）

　フランス人の時間感覚に触れましたが、前置詞には時間や期間を表すときに使われるものがいくつかあります。

_ア
à（～に）　　　　　　　　　　　　　　　　　🔊)) 17-01

_{ア　ウィトゥール　ジュ　ヴェ　ア　ラ　フェット　ダン　ナミ}
À　8 h, je vais à la fête d'un ami.
8時**に**友達のホームパーティーがあります。

_{ア プ レ}
après（～のあとに）　　　　　　　　　　　🔊)) 17-02

_{ジュ　スイ　スヴァン　ブレ　アプレ　ウン　フェット}
Je suis souvent bourré après une fête.
ホームパーティー**のあと**はだいたい酔っている。

_{ア ヴァン}
avant（～の前に）　　　　　　　　　　　　🔊)) 17-03

_{イ　レ　タリヴェ　アヴァン　ラール}
Il est arrivé avant l'heure.
彼は定刻**前**に到着しました。

_{デゥ ビュ イ}
depuis（～以来、から）　　　　　　　　　　🔊)) 17-04

_{デゥビュイ　ク　ジェ　アプリ　レ　クテューム　フランセーズ}
Depuis que j'ai appris les coutumes francaises,
_{ジャリヴ　アン　ブ　アン　レタール　アン　スワレ}
j'arrive un peu en retard en soirée.
フランスの習慣を知って**から**、ホームパーティーには少し遅れていくようになりました。

> ジュスカ
> **jusqu'à**（〜まで）　　　　　　　　◀))) 17-05
>
> ジェ　ダンセ　ジュスカ　ミニュイ
> **J'ai dansé jusqu'à minuit!**
> 私は夜の12時**まで**踊った！

> パンダン
> **pendant**（〜の間）　　　　　　　◀))) 17-06
>
> ジェ　ビュ　パンダン　シズール　ア　ラ　スワレ　ディエール
> **J'ai bu pendant 6 h à la soirée d'hier.**
> 昨夜のパーティーで6時**間**も飲んだ。

　ここでは例文中の前置詞がどのような意味で使われているかだけ理解できれば、問題ありません。

　どれも、ちょっとした時間感覚を表すときにとても便利な表現ですので、ぜひ覚えておいてください。

topic

\\ 18 /

最低週1で開催される
ホームパーティー

学べること

フランスのホームパーティー文化

↳ フランスのホームパーティーを
心から楽しめるようになります。

日本はホームパーティーが少なすぎる

　僕が日本に来て驚いたことは色々とあるのですが、その中の1つにホームパーティーの少なさがあります。

　日本では友達とお酒を飲みたいときに気軽に行ける居酒屋がたくさんありますが、フランスではそういったものがありません。

　なので、フランスでは自分の家に人を呼んでホームパーティーをするんです。これは本当に頻繁に行うもので、最低週1、週3、4で開かれることもあります。

　日本に来てからも、騒音などに気をつけてよくホームパーティーを開いていたのですが、やりすぎたのか、妻に、「もう家に人を呼ぶのはやめて

ほしい」と言われてしまいました（笑）。

　それからはあまり頻繁にホームパーティーを開くことはなくなりました。

誕生日パーティーは自ら開く

ホームパーティーをしょっちゅう開くことと関係しているのか、フランスでは自分の誕生日パーティーも自分主催で行います。

日本だと誕生日を迎える誰かのために、友人や恋人がパーティーを開くのが普通だと思うのですが、フランスでは黙っていると誰も誕生日パーティーを開いてくれません（笑）。

　なので、妻とこんな会話をしたこともありました。
　妻の誕生日が迫っていたある日、僕は「誕生日は何をするつもり？」と何気なく聞いてみました。すると、彼女は「どういう意味？」と言うので、「えーと、友達とかを呼んでお祝いするつもり？」と聞いたんです。

　彼女は「いや、なんで自分で誕生日パーティーを開かなくちゃいけないの？」と目を丸くしていました。
　そのときのことを今でもはっきりと覚えているくらい、僕はビックリしました。誕生日には、「今日は私の誕生日だから、パーティーをしよう」と言って、友人を家に招待するものなのに……。

　フランスでは小学生くらいの頃から、友達を家に呼んで誕生日パーティーをしています。
　日本に住むようになってからも、僕は毎年誕生日に人を家に招待し、パーティーを開いています。こればっかりは、止められませんでした。

場所・位置を表す前置詞

使い分けが難しい場所・位置を表す前置詞

　フランス人はとにかく家でパーティーを開くとお伝えしましたが、「〜に」「〜で」「〜の中で」という場所・位置を表す前置詞はとても大事です。ここでは特に、à、chez、dans の3つの前置詞についてご説明します。

à

　Lesson 17で「〜に」と時を表す前置詞として紹介しましたが、**à は「一点の場所や位置」を示して「〜に」「〜で」という意味を示します。**

🔊)) 18-01

① **Je vais à l'école.**
　私は学校に行きます。

② **Il reste à la maison.**
　彼は家にいます。

③ **J'habite à Paris.**
　私はパリに住んでいます。

　à 〜で、「ある一点の場所に（で）」ということを表し、英語で言えば to と at をあわせ持ったような働きをします。①の vais は aller（行く）の活用形です。à l'école で「学校に」と「（一点の）行き先」を表しています。②の rester は「（ある場所に）とどまる」という意味で、ここでの à la maison は「家に」と、「とどまっている（一点の）場所」を示しています。③の「パリに」のように都市名が来るときも原則として à 〜を用います。なお、à と定冠詞の le が続くときは au という1語に縮約されます。

chez
シェ

chez は「chez + 人」の形で「～の家で（に）」あるいは「～の店で（に）」
シェ　　　シェ
ということを表します。

---

① **Je vais chez Pierre.**
　ジュ　ヴェ　シェ　ピエール

　僕はピエールの家に行きます。

② **Il va acheter une baguette chez le**
　イル　ヴァ　アシュテ　ユヌ　バゲット　シェル

　boulanger tous les matins.
　ブランジェ　トゥ　レ　マタン

　彼は毎朝、パン屋にバゲットを買いに行く。

🔊))) 18-02

「aller chez + 人」の形だけで、「～の家に行く」ということを表せるので、
　アレ　シェ

便利ですね。また p.128、129に出てきたように chez の後ろに「パン屋の
　　　　　　　　　　　　　　　　　　　　　　　　　シェ

主人」を持ってきて、aller chez le boulanger と言えば、「パン屋の主人の店
　　　　　　　　　　アレ　シェル　ブランジェ

に行く」、つまり「パン屋に行く」となります。

dans
ダン

dans は人や物が「（ある空間）の中に」いること、あることを表します。
ダン

---

① **Le chat est dans la boîte.**
　ル　シャ　エ　ダン　ラ　ボワット

　猫は箱の中にいます。

② **Ses enfants jouent dans le jardin.**
　セザンファン　ジュ　ダン　ル　ジャルダン

　彼の子どもたちは庭で遊んでいる。

🔊))) 18-03

---

dans は英語の in に近く、①では猫が箱の内部にいることを表していま
ダン

す。②も、子どもたちが「庭」という閉じた空間の内部にいることを示し
ていますね。dans は時間で用いられるときは「～後に」という意味を表
　　　　　　ダン

します。p.35に出てきた文を思い出してください。

ジュ ヴェ アン フランス ダン トロワ ザン
Je vais en France dans 3 ans.
私は3年後にフランスに行きます。

　ここでの dans は「今から〜後に」ということを表していて、dans 3 ans で「3年後に」となります。

　前置詞は、それぞれの基本的な意味を覚えることが大事です。à は、人や物がある一点の場所に位置していること、chez は原則として後ろに人が来て「その人の家で、店で」と表せること、dans は人や物が具体的な場所の内部にいること、ということがつかめれば、あとはそれを少しずつ応用して考えていけば、大丈夫です。

　それぞれの前置詞の使い分けは、巻末ボキャブラリーから確認してみてください。

🔊))) Dialogue-02

ホームパーティーでの友人との会話

● オレリアンの家で開かれるホームパーティーにロバンがやってきました ●

1 オレリアン：Yo mec! Merci d'être venu jusqu'ici!
ヨ メック メルシ デートル ヴニュ ジュスキシ

やぁ！　わざわざ来てくれてありがとう！

2 ロバン：tkt tkt avec plaisir, je nous ai ramené des
タンキエット タンキエット アヴェク プレジール ジュ ヌ ゼ ラムネ デ
petites bières!
プティット ビエール

どういたしまして！　ビールを買ってきたよ！

3 オレリアン：Oh c'est trop gentil, je vais les mettre au
オー セ トロ ジャンティ ジュ ヴェ レ メットル オ
frigo.
フリゴ

素敵！　冷蔵庫に入れるね。

[on s'assoit dans le canap]
オン サソワ ダン ル カナップ

（ソファに座る）

4 オレリアン：Bon, bah, tchin tchin, hein!
ボン バー チン チン アン

それじゃあ、乾杯！

5 ロバン：Allez, santé!

じゃあ、乾杯!

6 オレリアン：Ça se passe bien le taff en ce moment?

最近仕事はどう?

7 ロバン：Ouais, le rêve, toujours aussi bien payé.

あぁ、夢のようだよ!　お金も良いしさ!

8 オレリアン：Putain mon pauvre, tu bosses demain?

明日仕事なのか?

9 ロバン：Non, jamais le dimanche.

いや、日曜は働かないよ。そっちは?

10 オレリアン：Roo la chance, moi si, très souvent, vraiment j'adore vivement les vacances putain!

良いな!　こっちは明日仕事だよ。よくあるんだ。
良い仕事だよ。クソ、バカンスが待ちきれないなぁ!

11 ロバン：Tu m'étonnes.

そりゃそうだ。

12 オレリアン：T'as un truc de prévu demain du coup?

明日は何かするの?

13 ロバン：Demain? Ouais j'vais chez Jean.

明日?　うん、ジャンのところに行くよ。

14 オレリアン：Ah cool, il habite où déjà?

いいね。彼はどこに住んでいるんだっけ?

15 ロバン：Il est à Kichijoji, juste en face de la station, à côté du *kombini* là.

吉祥寺だよ。駅の真向かいにあって、コンビニの隣りなんだ。

16 オレリアン：Putain pas mal! T'y vas en vélo?

めっちゃいいじゃん!　自転車でいくの?

17 ロバン：Non, putain, j'ai crevé mon vélo hier.
ノン　ピュタン　ジェ　クルヴェ　モン　ヴェロ　イエール

いや、自転車は昨日パンクしちゃったんだよ……。

18 オレリアン：C'est pas vrai? Putain c'est pas ta
セ　パ　ヴレ　ピュタン　セ　パ　タ
semaine.
セ　マ　ン

マジか。それはついてなかったね。

19 ロバン：Ah ouais, j'te jure j'en peux plus, je vais y
ア　ウェ　ジュトゥ　ジュール　ジャン　ブ　ブリュ　ジュ　ヴェ　イ
aller en train du coup.
アレ　アン　トラン　デュ　クー

そう。本当にやってられないよ。電車でいかなきゃ。

解説

1 Yo（ヨ）は掛け声で「やあ」と同じ。mec（メック）はくだけた表現で男性に対して「ヤツ」と呼ぶときに使う言葉で、ここは相手に対して言っているので、あまり意味はなくYo mec（ヨ メック）で合わせて「やあ、君」くらいの感じです。「Merci de[d']（メルシ ドゥ） ＋ 動詞」で「〜してくれてありがとう」ということで、すでに行われたことに対しては、このようにd'être venu（デートル ヴニュ）とde（ドゥ）とêtre（エートル）がくっつく形になって、「来てくれてありがとう」という意味になります。venu（ヴニュ）はvenir（ヴニール）「来る」の過去分詞形ですが、なぜêtre（エートル）と一緒に使われているかについては、p.142を参照してください。jusqu'ici（ジュスキシ）は、jusque（ジュスク）（〜まで）とici（イシ）（ここ）がエリジョンされてくっついた形で【→Lesson 9】、「ここまで」ということです。「ここまでよく来てくれたね」という気持ちを表しています。

2 t k t（タンキエット）はSNSで使われ始めた言葉で、もともとNe t'inquiète（ヌ タンキエット）pas.（パ）「心配しないで」だったものが思い切り短くなって、T'inquiète（タンキエット）となり（p.99参照）、それでもネット上では書きにくいので、t k t（タンキエット）と書かれるようになったのです。発音としてはこれで「タンキエット」と読んでいたはずですが、そのまま「テーカテー」と言う人も増えてきました。「ありがとう」の返事としてavec plaisir（アヴェク プレジール）が使われています【→Lesson 12】。bières（ビエール）（ビール）にも、もちろんpetites（プティット）がつきます【→Topic 3】。

3 このje vais（ジュ ヴェ）はp.38にあるように「これから〜する」という近い未来を表すaller（アレ）の用法です。au（オ）は、à（ア）と定冠詞のle（ル）が1語になってau（オ）となったものです。

4 bon（ボン）はもともとは「良い」という意味の形容詞ですが、会話の切れ目で「さて」「それでは」というときにも使います。bah（バー）はくだけた会話で「ふうん、なあに、へえ、まさか」など色々な場面で使えます。tchin tchin（チンチン）は打ち解けた席で「乾杯！」というときの言葉です【→Topic 10】。hein!（アン）も色々な場面で使われる言葉ですが、驚いて言う場合は「えっ？　へぇ」といった意味で【→Lesson 20】、文末なら「そうでしょう！　ねぇ」、あるいは命令・おどしを表して、「さぁ！　おい！」

などといった意味で使われます。ここでは「さあ（飲もう）」というくらいの意味で使われています。

5 かしこまった席で「乾杯！」というときはÀ votre santé！「あなたの健康を祈って」という言葉が一般的ですが、ここではその言い方の前の2語を省略して、santé！と言っています【→Topic 10】。

6 フランス語は文末のイントネーションを上げるだけで疑問文になります【→Lesson 12】。ここでのçaは漠然と後ろのle taff（仕事）を受けています。動詞のもとの形であるse passer bienは「順調に進んでいる」という意味なので、ça se passe bienで「仕事はうまく行っている」という意味になります。en ce moment は「今、現在」ということで、「このところ、仕事はうまく行っている？」くらいの意味になります。

7 le rêveは「夢だよ」ということで、toujoursはここでは「いつも、あいかわらず」といった意味です【→Lesson 10】。bien payéは「十分、支払われている」という意味でつまり「給料が良い」ということ。aussiは「また」「同様に」なので、「ああ、これは夢だよ。相変わらず給料も良いし！」という内容ですが、動画を見ていただくとわかるとおり、これは完全な皮肉です（笑）【→Lesson 11】。

8 ここでのputainは「まじかよ」くらいの感じで使われています【→Topic 4】。mon pauvreは相手が哀れな状況にあるときに同情して言う言葉で、あえて訳せば「気の毒に、かわいそうに」くらいの意味です。bossesは「仕事をする」という意味のbosserの二人称単数現在形です。demain（明日）のあとに「？」がついているので、「お前、明日も仕事か？」といったニュアンスになります【→Lesson 12】。

9 ne 〜 jamaisで「決して〜ない」という意味で【→Lesson 10】、ここはJe ne travaille jamais le dimanche.「僕は決して日曜日は働かない」のJe ne travailleが省略されています。フランス国内で日曜営業のお店が増えてきているものの、いまだに日曜日に働くのはありえないという考え方です【→Topic 16】。

⑩ siは「否定文で聞かれて肯定文で答えるとき」や「相手が否定しているのに、自分は肯定するとき」に使われる表現で、ロバンが「日曜は働かない」と言っているのに対して、moi si と言っているということは「僕は働く」ということを表しています。j'adoreはDialogue 1の⑧の解説を参照してください。後ろにくるles vacances（バカンス、休暇）が待ち遠しいことを表しています【→Topic 13】。putainはここでは「ちくしょう！」といったニュアンスで使われています【→Lesson 4】。

⑪ étonnerは「驚かす」という意味で、前にあるm'が「私を」なので、Tu m'étonnes. を文字どおりに訳すと、「君には驚かされるよ」となりますが、実際には全く反対に、「それはそうだね」と相手の言っていることに同意するときに使われます。もとは否定形のTu ne m'étonnes pas.で「君の言うことには驚かないよ」ということから、「それは当たり前だよ」「それはそうだ」という意味になっていたのが、neを省略してTu m'étonnes pas. となり、面倒くさがり屋のフランス人はpas（パ）も取ってしまって、それでも「それはそうだ」という意味で通じるようになっちゃったのでしょう【→Lesson 2】。

⑫ t'asはtu asがくっついた形で【→Lesson 2】、カジュアルな会話でよく使われます。trucは「こと」と言うときのくだけた形で、un truc de prévuは「計画されたこと」という意味です。du coupは「このように、したがって、今後は」など色々な場面で、様々な意味で使えるので、フランス語の授業の発表などで連発すると先生に叱られそうな言葉ですが、ここでは「それで」くらいの意味を軽く添えています。

⑬ j'vaisについてはDialogue 1の⑦の注を参照してください。chezはフランス語特有の前置詞で、後ろに人が来て、「〜の家で（に）」という意味になります【→Lesson 15】。「私の家に」と言いたかったら、chez moiです。

⑭ coolはもちろん英語から入った言葉で、「いいね」と言いたいときに使います。habiterは「住む」という基本動詞で、où は「どこで（に）」と尋ねる疑問詞ですが、疑問詞を後ろに置いてil habite où?という語順で、文末のイントネーションを上げて言えば、「彼はどこに住

んでるの？」という疑問文を作ることができます【→**Lesson 12**】。
déjàは「すでに、もう」の意味で、「もう引っ越したんだよね」という
気持ちが入っています。

15 en face de 〜で「〜の正面に、〜の前に」ということです。justeは
「ちょうど、まさに」と強調する副詞なので、juste en face de la
stationで「駅の真向かいに」ということです。à côté de 〜で「〜の
隣りに」という意味で【→**Lesson 15**】、duはdeとleがくっついたも
のです。後ろにle kombiniが来ているので、à côté du kombini
で「コンビニの隣り」となります【→**Lesson 15**】。フランスには日本
のコンビニみたいな店はほとんどないので、日本にいるフランス人
は単純に「コンビニ」と言っています（笑）。

16 このputainはここでは、「すごい」くらいの意味です【→**Topic 4**】。
pas malは「悪くないね」という意味ですが、ここでは「いいね」と
いう意味で使われています【→**Topic 11**】。T'y vasのyは場所を
表す語を受けて「そこに」という意味だと思えばわかりやすいです
【→**Lesson 7**】。T'yはTuと yがくっついたもので、カジュアルな会
話でよく使われます【→**Topic 2**】。vasはaller（行く）のtuが主語の
ときの活用形で、en vélo（自転車で）がついて、「君はそこに自転車
で行く」という意味になります。T'yはラフな表現なので、フランス語
の試験を受けたりするときは書かないようにしてください（笑）。

17 ここでのputainは悪い意味で、「ああ」「なんてこった」という感じで
すね【→**Topic 4**】。creverは「〜を破裂させる、パンクさせる」とい
う意味で、j'ai crevéは、jeを主語としたときの複合過去形になって
います【→**Lesson 16**】。本来は自転車のタイヤをパンクさせたと
言うべきでしょうが、簡単にj'ai crevé mon vélo（僕は僕の自転車
をパンクさせてしまった）と言っています。

18 C'est pas vrai?は、c'est vrai（それは本当だ）の否定形（neを省
略した形）に？がついているので、「それは本当のことじゃないだろ
う？」「そんなことはありえないだろう」ということで、「マジか？」と
いった意味になります。このputainは、相手に同情して、「なんて
こった」「ひどいね」くらいの意味で言っています【→**Topic 4**】。

⑲ j'te jureはje te jureがくっついた形で【→**Topic 2**】、文字どおり訳すと「私は君に誓う」という意味ですが、そこから「本当だよ」や「マジで」と言いたいときに会話ではよく使われます。j'en peux plusは会話で「もう耐えられない」「疲れ切ったよ」という意味で使われます。je vais y allerについてはDialogue 1の⑱の解説を参照してください。

フランス人の
リアルな
恋愛

\ 19 /

知らない友人同士を
混ぜて遊ばないなんて、
ありえない

学べること

フランス人の遊び方

↳ やたらと友人を呼びたがるフランス人の恋人を
理解できるようになります。

どこへでも恋人を連れていく

フランスでは必ず友人同士を混ぜて遊びます。どういうことかというと、たとえば、カップルになったらパートナーの友達が自分の友達になるということです。

フランスでは、パートナー抜きで友達とパーティーに行くことはかなり珍しいです。

逆に日本では、女性同士の集まりや、自分の友達との集まりに、恋人抜きで行くのはよくあることだと思います。

むしろ、恋人をそうした集まりに連れていくと、「空気を読めない人」と思われてしまうかもしれません。

　フランスでは、パートナー抜きで友人同士の集まりへ行くと、「恋人はどこ？　どうして連れて来なかったの？」と必ず言われます。

　フランスではカップルになると、友人、趣味など、生活の全てを共有するようになるということですね。

　ある日本人女性とつき合い始めた頃、彼女の友達同士の集まりがあったのですが、彼女は僕を誘ってくれませんでした。とても驚きましたが、まだ1回目だったので、そのときは何も言いませんでした。

　2回目のときはさすがに我慢できず、「ねぇ、ついていってもいい？」と聞いたのですが、「いやいや、ついてきたら変でしょ」と嫌な顔をされてしまいました……。

　彼女は外国人である僕とつき合うことをとても恥じているのか、それともただ単に僕のことを恥じているのか、と深く悩んでしまうくらい、とても悲しかったです。

　彼女とはその後、その文化の違いについて、たくさん話し合ったのですが、結局お互いに理解し合うことはできませんでした。

　ちなみに、妻とも同じようなことが起きました。妻が友人に会いに行くというとき、どうしても僕はついていきたくなったのですが、やはり強く反対されました。

　最初はなぜ、自分を呼んでくれないのか全くわからず悩んだのですが、今では理解できるようになりました。

● 友人との集まりに、恋人抜きでは行かない ●

　彼女と友人だけの時間があり、僕と友人だけの時間もある。そうしてそれぞれの時間を持つことで、よりよい関係性を築くことができるかもしれないとさえ、思えるようになってきました。

　皆さんがもし、フランスへ行き、そこでフランス人とつき合うことがあれば、これと反対のことに頭を悩ませると思います。

　これは僕の経験から感じることなのですが、そんなときはぜひ、相手の文化を受け入れる姿勢を取ってみてください。

　最初は抵抗があるかもしれませんが、結果的に自分の価値観が変わり、世界が広がることもあると思います。

(フランス語の所有格)

「彼・彼女の友人と一緒に遊ぶのは当たり前」。そんなふうに考えることが多いフランス人ですが、「〜の」という表現を皆さんはフランス語で言えますか？

ソン
son ＋ 男性名詞

サ
sa ＋ 女性名詞

セ
ses ＋ 複数の男性・女性名詞

🔊))) 19-01

ソン　サ　セ
son、sa、ses は次のように「彼の」、「彼女の」という意味を表したいときに使われます。

ジュ　スイ　ソルティ　アヴェック　ソン　ポート　イエール
Je suis sorti avec son pote hier.
私は昨日彼(女)の友人と出かけた。

🔊))) 19-02

ソン　サ
son、sa のどちらがつくかは、所有者の性別とは関係ない点に注意です。

たとえば、この例文では、「友人の」という意味の pote が男性名詞なので、son がつき、「彼(女)の友人」となっています。

「彼(女)の」とあるので、「所有者の彼(女)ではなく、所有される側にあたる友人」に合わせて、son となっている点をおさえておきましょう。

また、son が「彼の」という意味なのか、「彼女の」という意味なのかは完全に文脈で判断することになります。上記の例文では、son が「彼

（女）の」となっていますが、もし話者の中で、誰か特定の女性が想定されている場合は、「彼女の友人」という意味で、son pote が使われるのです。

hier は「昨日」という意味です。suis sorti は p.142で学んだ、「être + 過去分詞」で複合過去を表す形ですね。ここでは、「出かけた（昨日）」という過去の動作を表しています。

Marie a invité des amis dans sa maison. ◀))) 19-03
マリーは友人を彼女**の**家に招いた。

maison が「家・建物」という意味の女性名詞で、ここは主語が Marie さんなので sa maison で「彼女の家」という意味になります。

Ma femme m'a présenté ses amis. ◀))) 19-04
私の妻は彼女**の**友人たちを私に紹介した。

amis が「友人たち」という意味なので、ses amis で「彼女の友人たち」という意味になります。présenté は「～を紹介する」という意味です。ここは複合過去形で「紹介した」ということで、m' は「私に」ということを表しています。

それぞれの例文では、解説がある部分だけ理解できれば大丈夫です。

恋人や友人のことを話すときには必須の表現なので、ぜひ覚えておいてください。

\20/

「告白は幼い」と考える
フランス人

学べること

フランス人のつき合い方

↳ フランス人と恋人になるためのStepが
わかるようになります。

告白→つき合うというStepがフランスにはない

日本で誰かとつき合うまでの流れは主に、次のようなものだと思います。

何度かデート
⬇
告白
⬇
つき合う

　もちろん恋愛には色々な形があるので、一概にこれが全てとは言えませんが、だいたいこの流れに当てはまるものが多いと聞きます。

フランスではこうした流れがほとんどないのです。
　そもそもフランスにはデートという概念や、告白をするということがあまりありません。

　日本では、気になる人がいたら「デートしてみようかな」となりますよね。
「一緒に出かけて、つき合う相手として見れるかどうか確かめよう」となるわけです。
　そして、何度かデートをしていく中で、どちらかが告白をして、それを相手が受け入れるかどうかで、つき合うかが決まる。

　フランスでは、男女が二人でどこかへ出かけるのは特別なことではなく、実際に友達同士でも男女で出かけることはしょっちゅうあります。日本でももちろん、こうしたことはよくあることだと思いますが、ここからつき合うまでの流れが明確に違います。

　フランス人の場合、二人で出かけている最中に、相手のことを好きだと思ったら、自分からキスをしてみたり、手をつないでみたりします。

　相手も同じように思ってくれ、うまくいくこともあれば、気持ちがなくて、キスや手をつなぐことを拒否されることもあります。

　その間に相手に気持ちを伝え、「つき合う」という確認を取るということをしません。

　フランスでこうした告白が全くないというわけではないのですが、小さい頃に子供同士でやるイメージで、「幼い」という印象があります。

Lesson
20

「〜だよね?」を表すフランス語

「本当にそうだよね?」と聞きたいときに使う hein（アン）

フランス語には、日本語の「〜だよね?」と同じような感覚で使われる言葉があります。hein（アン）と書き、主に会話の中で使われます。

hein（アン）を使うことで、「本当にそうだよね?」と強く相手に尋ねているニュアンスを出すことができます。

まさに先程の告白がないフランスの男女関係において、日本人の皆さんはこんなふうに言いたくなるのではないでしょうか?

> **On est en couple, hein?**
> （オンネ アン クブル アン）
> 私たちつき合ってるよね?
>
> 🔊)) 20-01

ちなみにこの言葉は、p.96の皮肉の例文にも出てきていました。

> **Il fait beau, hein?**
> （イル フェ ボー アン）
> いい天気だね?
>
> 🔊)) 20-02
>
> **C'est bon, hein?**
> （セ ボン アン）
> 美味しくない?

hein!（アン）と hein?（アン）の違い

先程の例文ですが、hein（アン）のあとに続くのが!か?かで意味が違ってきます。

> **Il fait beau, hein!**
> イル フェ ボー アン
> いい天気だね!
>
> 🔊)) 20-03

　こちらは、良い天気にとても興奮していて、その喜びや満足感を表現したいときに使われます。肯定的で熱狂的なニュアンスであると言えます。

　? が続くと、相手に自分と同じ意見かどうかを確認する、つまり先程紹介したものと同じ使い方になります。hein のあとが ! なのか ? なのかで違いが出てくるので、気をつけましょう。

　また、「なに?」という意味で質問の際に驚きを表すのに使うこともできます。

> **Hein? Tu as déjà fini?**
> アン テュ ア デジャ フィニ
> なに?　もう終わったの?
>
> 🔊)) 20-04

　また何かわからないことがあるとき、「うん?」というような感じで Hein ? と言うこともできます。ただ、この使い方は、少しぶっきらぼうな印象があるので、あまりオススメできません。

無限にある
恋人の呼び方

学べること

フランス人の恋人の呼び方

↳ フランス人の恋人を自然に呼ぶことが
できるようになります。

恋人の呼び方にクリエイティブ性を発揮するフランス人

フランス人はとてもロマンチックだと言われていますが、フランス人の僕からすると実際どうなのかの判断は難しいです（笑）。

ただ、恋人をどう呼ぶかについては、フランス人はとてもクリエイティブであると言えます。

モン シェリ　マ　シェリ
Mon chéri/Ma chérie.　私の愛しい人。

モン　ベベ
Mon bébé.　私のベイビー。

モ ナムール
Mon amour.　私の愛。

モン クール
Mon cœur.　私の心。

モ ナンジュ
Mon ange.　私の天使。

🔊))) 21-01

日本ではまず考えられない上記のようなものから、次のように、食べものや動物にちなんだものまで、様々です。

モン　ラバン
Mon lapin.　私のウサギ。
モン　ブッサン
Mon poussin.　私のひよこ。
モン　シュ
Mon chou.　私のシュークリーム。

🔊 21-02

　さらに信じられないかもしれませんが、よく使われる恋人の呼び名の中には

マ　ビュス
Ma puce.

🔊 21-03

　というものがあり、これは「私のノミ」という意味です。どんな経緯で恋人のことをこんなふうに呼ぶことになったのかわかりませんが、小さくて可愛いという意味から使い始められたのかもしれません（笑）。こうした呼び名は子供に対してもよく使われます。

　両親は僕を次のように呼んでいます。

モン　シェリ
Mon cheri.
私の愛しい人。

モン　クール
Mon cœur.
私の心。

　妻とは互いに次のように呼び合っています。

Mon cheri/Ma cherie.
（モン シェリ／マ シェリ）
私の愛しい人。

Mon amour.
（モ ナ ム ー ル）
私の愛。

Mon bébé.
（モン ベ ベ）

Mon bébé は英語だと my baby って感じです。

ちなみに、僕の YouTube チャンネル名、Bebechan（べべちゃん）もこうした愛称から来ています。

僕の妻がいつも僕のことを「べべ」「私のべべ」「べべちゃん」と呼んでいて、べべちゃんなら可愛いし、オリジナリティがあるということで、このチャンネル名になりました。

フランス語の比較・最上級

フランス語の比較

「君が最も美しい」のような恋人の呼び方が際限なくあるフランス語ですが、それだけでなく、「君が世界で一番美しい」という言葉もサラッと言えるとスマートですね（笑）。

テュ エ ラ プリュ ベル デュ モンド
Tu es la plus belle du monde. 🔊)) 21-04
君が世界で一番美しい。

英語にもありますが、これは最上級と呼ばれるもので、まずは「〜より…の方が〜だ」というような比較の表現から学んでいきましょう。

「…より〜だ」というときは plus 〜 que …を使って、

オ レ リ アン エ プリュ グラン ク ロ バン
Aurélien est plus grand que Robin. 🔊)) 21-05
オレリアンはロバンより背が高い。

となります。同じくらいの背の高さだったら、aussi 〜 que …を使って、

オ レ リ アン エ オスィ グラン ク ロ バン
Aurélien est aussi grand que Robin. 🔊)) 21-06
オレリアンはロバンと背の高さが同じくらいだ。

です。ロバンを主語にした場合は、moins 〜 que …を使い

> ロバン エ モワン グラン コレリアン
> **Robin est moins grand qu'Aurélien.**
> ロバンはオレリアン**ほど**背が高く**ない**。
> 🔊 21-07

となります。moins 〜 は、言ってみれば「〜の度合いがより少ない」ということなんです。なお que は後ろに母音で始まる語が来ると qu' となってエリジョンします。

grand は Lesson 4で勉強した形容詞です。形容詞で大事なことはそれが関わっている名詞が女性だったり、複数だったりすると、それに応じて変化することでしたね。もし、上の文のそれぞれの主語がオレリアンでなくて、女の子のアメリだったりすると、

> アメリ エ プリュ グランド ク ロバン
> **Amélie est plus grande que Robin.**
> アメリはロバン**より**背が高い。
> 🔊 21-08
>
> アメリ エ オスィ グランド ク ロバン
> **Amélie est aussi grande que Robin.**
> アメリはロバンと背の高さが**同じくらい**だ。
>
> アメリ エ モワン グランド ク ロバン
> **Amélie est moins grande que Robin.**
> アメリはロバン**ほど**背が高く**ない**。

のように、grande という形になります。仕事ばかりして、恋人や妻のことを構わないでいて、「私と仕事とどっちが大事なの？」などと言われたときは、

> テュ エ プリュ ザンポルタント ク ル トラヴァーユ
> **Tu es plus importante que le travail.**
> 仕事より君の**方**が大事だよ。
> 🔊 21-09

とすぐさま答えなければいけませんね（笑）。plus importante はリエゾンしない人もいますが、plus の s と importante の im をくっつけて、「プ

リュザンポルタント」と読んでください。importante は important の女性形です。

この比較の表現は副詞（動詞や他の形容詞などを修飾する語）でも同じで、

オレリアン クール プリュ ヴィット ク ロバン
Aurélien court plus vite que Robin. 🔊 21-10
オレリアンはロバン**より**走るのが速い。

アメリ ダンス オスィ ビヤン ク ジュリ
Amélie danse aussi bien que Julie.
アメリはジュリとダンスが**同じくらい**上手だ。

court は courir「走る」という単語の il, elle が主語の場合の活用形です。この vite（速く）、bien（上手に）、tôt（早く）は動詞を修飾する副詞なので、主語がなんであろうと女性形とかは気にしなくて大丈夫です。

フランス語の最上級

それでは、最上級の「一番〜だ」という表現を見ていきましょう。

「…の中で一番〜だ」と言いたいときは

ル ラ レ プリュ ドゥ
le (la, les) plus 〜 de ...

の形になります。一般的に「…の中で」というときは de ... を使います。

オレリアン エル プリュ グラン ドゥ ラ ファミーユ
Aurélien est le plus grand de la famille. 🔊 21-11
オレリアンは家族の中で**一番**背が高い。

形容詞は性と数によって変わりますので、オレリアンじゃなくてアメリが主語だったら、その場合は le を la に変えて、

> アメリ エル プリュ グランド ドゥ ラ クラス
> **Amélie est la plus grande de la classe.** ◀))) 21-12
> アメリはクラスで**一番**背が高い。

　となります。（日本語だと「一番〜」というとき、複数形にすることは少ないですが、フランス語ではときどき言うので、そのときは les plus（レ プリュ）〜という形になります）

　これで、Lesson の冒頭で紹介した、恋人に対して「君は世界で一番美しい」という言い方もきちんと理解できたのではないでしょうか？
「美しい」は beau ですが、女性形は belle でしたね。

> テュ エ ラ プリュ ベル デュ モンド
> **Tu es la plus belle du monde.** ◀))) 21-13
> 君が世界で**一番**美しい。

　この du は、de と le が1語になったものです。monde（世界）は男性名詞なので、そのままなら le monde ですが、その前の de とくっついて du となっています。de のあとに la がつづくときは、そのままで大丈夫です。

　反対にマイナスの方の最上級は、「最も〜でない」という意味の moins を使って表すことができます。フランス語って、不思議なんですけど、値段が「高い」という意味の cher という単語はあるけど、「安い」っていう意味の単語がないんです。「お買い得」みたいな意味での bon marché という表現はあるけど、あとは pas cher「高くない」のように言うしかない。だから、お金がなくて一番安いケーキを買ったと言いたいときは、

> ジェ アシュテ ル ガトー ル モワン シェール
> **J'ai acheté le gâteau le moins cher.** ◀))) 21-14
> 僕は**一番安い**ケーキを買った。

つまり、「一番高くないケーキ」という言い方にするしかありません。

　僕の妻のことみは、僕が知っている彼女の友人の中では、一番嫉妬しないタイプなんだけど、こうしたことを言いたいときも、

コトミ　エ　ラ　モワン　ジャルーズ　ドゥ　セ　ザミ

Kotomi est la moins jalouse de ses amis. 🔊))) 21-15

ことみは彼女の友人たちの中でも**嫉妬心が一番少ない**。

　という言い方になります。jalouse は「嫉妬深い」という意味の jaloux の女性形です。

　比較や最上級の表現も日常会話では頻出なので、紹介した例文と一緒に覚えてしまいましょう。

topic
\ 22 /

デートは
割り勘にしないと失礼？

学べること

フランス人のデート観

↳ デートのお会計のときに
変な空気にならなくなります。

変わっていくデートのマナー

重い荷物を持つ、ドアを開ける、食事代を払うなど、女性に対する
ちょっとした気配りや行動などには長い歴史があるのがフランスです。

**しかし最近、そういった行為は男性が女性よりも自分を優位に立たせる
方法と見なす女性も増えてきました。もちろん、全ての女性ではないです
が、そうした考え方を持つ女性も一定数いるというわけです。**
女性を立てる意図で行われている行為を、「私は強くあなたは弱い、だ
から私があなたのバッグを持つ」「私はお金があり、あなたはお金がない
から、食事代を払う」「ドアを開ける男性が必要だから私がドアを開けて
あげる」といったように解釈する人も出てきました。

特に現代は女性も男性も共に働き、同じような生活をしている世の中で

す。なので、今の時代、相手が女性であるからという理由で先にドアを開けることは、必ずしも感謝されることではないのです。

　そんな時代の流れから、食事をするときも、割り勘でないと嫌だという女性が増えてきています。

「マドモワゼル」はもう使わない

　こうした傾向は使う言葉にも表れてきています。

　mademoiselle は、フランス語を勉強したことがない方でも知っている言葉なのではないでしょうか？　まだ結婚していない女性を表します。一方、結婚している女性を madame と呼び、これも日本でよく知られていますね。

　この mademoiselle はよく使われていた言葉でしたが、2012年から公式の書類で使われることはなくなりました。現在では madame のみ、公式書類などに使われている状態です。

　なぜ、このような変更がされたのかというと、**女性が婚姻関係を明示する必要性から解放されるためです。もともと男性にはこのような未婚か既婚かによって使い分ける表記はなく、monsieur で統一されていました。**

　現代になって、女性のみ未婚か既婚かを表記することに疑問を持たれることが多くなり、mademoiselle はもう使われなくなったのです。

● 公式書類に「マドモアゼル」は使われなくなった ●

フランス語の接続詞

あらゆる場面で使える接続詞

「フランスではデートは割り勘になることが多い、なぜなら、その方が男女平等の考え方に合っているからだ」といったことを言いたいときに必要になるのが接続詞です。

アン フランス オン パルタージュ スヴァン ラディシション 🔊 22-01
En France, on partage souvent l'addition
パンダン アン ランデヴー アムール ー パルスク
pendant un rendez-vous amoureux, parce que
サ コレスポン ミュー ア リデ デギャリテ デ
ça correspond mieux à l'idée d'égalité des
セックス
sexes.

フランスではデートは割り勘になることが多い、**なぜなら**、その方が男女平等の考え方に合っているからだ。

文章が難しいですが、**parce que**（パルスク）によって「なぜなら〜」という意味が表されていることがわかれば十分です。

恋愛の場面では次のようなことが言えますね。

ジュ リュイ エ プレパレ ル ディネ パルスク ク ジュ 🔊 22-02
Je lui ai préparé le dîner parce que je
レーム
l'aime.

私は彼（女）を愛しているので、彼（女）のために夕食の用意をしておきました。

「〜と」という意味を表すことができる、**et**（エ）を使って次のようなことも言えます。

Jean et Pierre sont venus à la maison hier. ◀)) 22-03
ジャン　エ　ピエール　ソン　ヴニュ　ア　ラ　メゾン　イエール

ジャン**と**ピエールが昨日家に来ました。

ここでは Jean と Pierre が et でつながれています。
　　　　ジャン　　　ピエール　　　　　エ

Il a offert un bouquet de rose, et elle a ◀)) 22-04
イラ　オフェール　アン　　ブ　ケ　　ドゥ　ローズ　エ　エラ

souri.
スリ

彼がバラの花束を差し出すと彼女**は**微笑んだ。

　上記のように名詞と名詞だけでなく、文と文も et でつなぐことができ
ます。ここでは「彼がバラの花束を差し出す」という文と、「彼女は微笑
んだ」という文がつながれています。

「それから〜」という意味の puis も便利です。
　　　　　　　　　　　　　　ピュイ

僕だったら、こんな感じで使いますね。

J'ai enregistré une video, puis je l'ai éditée. ◀)) 22-05
ジェ　アンルジストレ　ユヌ　ヴィデオ　ピュイ ジュ レ エディテ

YouTubeの動画撮影をした**あとで**、編集をした。

他には「どっちがいい？」ということを ou で表現することができます。
　　　　　　　　　　　　　　　　　　　　　ウ

Tu préfères les croissants ou les pains ◀)) 22-06
テュ　プレフェール　レ　クロワッサン　ウ　レ　パン

au chocolat?
オ　ショコラ

クロワッサン**と**パンオショコラ、どちらがいい？

恋人同士なら、こんな使い方もできますね。

テュ フェ クワ ス ソワール　オン ソール ウ テュ レスト
Tu fais quoi ce soir? On sort ou tu restes
アラ メゾン
à la maison?
■))) 22-07

今夜は何するの？　一緒に遊びに行く？　それとも家にいる？

最後に「だけど」「しかし」という意味の mais も覚えておくと、とても便利です。

オン ソール バ アンコール アンサンブル　メ ジュ レ
On sort pas encore ensemble, mais je l'ai
アンブラセ
embrassée.
■))) 22-08

まだつき合ってない**けど**彼女とキスはした。

次のような、日常的なシーンでも使うことができます。

ジュ ヴ ソルティル　メ イル プル
Je veux sortir, mais il pleut.
■))) 22-09

外に出かけたい**けど**、雨が降っている。

接続詞ということで、例文が長く難しくなってしまっていますが、ここでは接続詞がどんな意味で、どの文とどの文をつないでいるか、日本語訳を見ながらわかれば問題ありません。例文内の単語でわからないものがあれば、巻末ボキャブラリーを参照してください。

\23/ 日本と違う
フランスの結婚観

学べること

フランス人の結婚観

↳ **フランス人の結婚観に驚かなくなります。**

離婚が多いフランス

　日本での結婚は、二人での生活が正式に始まる、二人の関係が公になることを意味しています。

　しかし、フランスにはPACS_{バックス}という制度があり、結婚以外にも正式な関係を持つ手段があります。

PACS は、Le pacte civil de solidarité の略で「連帯市民契約」と訳されるパートナーシップ制度です。

　フランスでは2013年に同性婚が認められましたが、もともとは、それ以前の1999年に同性間のパートナーを対象に発足した制度でした。しかし、今ではその利用者は異性間のカップルが同性間のカップルを上回っているようです。

PACS は、言ってみれば結婚より軽い形の世帯を作る制度で、成人した
カップルが必要書類を市役所か公証人に提出すれば、それで世帯が成立し
ます。

結婚をするためには様々な書類を提出し、面倒な手続きが必要なのに対
し、これは非常に簡単で、しかも税金の控除などでは婚姻関係と同等の扱
いを受けることができます。

また、関係を解消するためにお互いの合意は不要で、一方が別れたいと
思った時点でいつでも、最初に登録した市役所等に届け出れば、それで関
係は解消となってしまいます。

結婚している場合に離婚するにはもちろん双方の合意が必要ですし、手
続きも大変ですが、PACS では関係を解消する場合でも非常に簡単です。

現在、フランスでは、結婚した夫婦の50％近くが離婚に至ると言われ
ています。離婚の数も時代とともにどんどん増えています。

日本人と比べると、フランス人の方が結婚や離婚に対して、フランクな
考え方を持っていると言えるかもしれません。

Lesson 23 「ちょっと」「とても」を表すフランス語

ものごとの程度を表す言葉

「ちょっとお腹空いた」。こうした微妙な程度のニュアンスを表すときは
un peu を使います。petit は名詞を修飾する形容詞ですが、こちらはその
形容詞や動詞を修飾する副詞として使われています。

ジェ アン ブ ファン
J'ai un peu faim.
ちょっとお腹空いた。

🔊 23-01

「空腹」という意味の faim という名詞を、「ちょっと」という意味の un
peu が修飾して、「ちょっとお腹空いた」という意味になっています。

ジェ アン ブ フロワ
J'ai un peu froid.
ちょっと寒い。

🔊 23-02

「寒さ」という意味の froid という名詞を、「ちょっと」という意味の un
peu が修飾して、「ちょっと寒い」という意味になっています。

また、一言「ちょっとね」と言いたいときにも使えます。

テュ エ ファティグ
Tu es fatigué(e)?
疲れた?

ウィ アン ブ
Oui, un peu.
ちょっとね。

🔊 23-03

「ちょっと」だけではなく、先程の Topic に関連して、「離婚してしまったので、とても悲しい」、このように言いたいとき、「とても」の部分の表現が重要になってきます。

この場合は très を使います。

> ジュ スイ トレ トリスト ドゥビュイ ク ジュ スイ
> **Je suis très triste depuis que je suis**
> ディヴォルセ
> **divorcé.**
> 離婚して以来、ぼくは**とても**悲しい。
>
> 🔊 23-04

「悲しい」という意味の形容詞である triste を、「とても」という意味のtres が修飾して、「とても悲しい」という意味になっています。

　あとは、こんなふうにも使えますね。

> ジェ トレ ファン
> **J'ai très faim.**
> **とても**お腹が空いた。
>
> ジュ スイ トレ ファティゲ
> **Je suis très fatigué(e).**
> **とても**疲れた。
>
> イ レ トロ ジャンティ
> **Il est trop gentil .**
> 彼は**とても**優しい。
>
> 🔊 23-05

「彼はとても優しい」。これは肯定的なときに使われる表現ですが、別れの場面では、「恋人にするには優しすぎる」というように表現することもありますね。

その場合は trop を使います。

イ レ ト ロ ジャンティ プール エートル モ ナムルー
Il est trop gentil pour être mon amoureux. 🔊)) 23-06
彼は恋人にするには優し**すぎる**。

「優しい」という意味の gentil を、「〜すぎる」という意味の trop が修飾
して、「優しすぎる」という意味になっています。
　否定的なニュアンスが出るので、先程の例文にある「寒い」という意味
の froid と一緒に使うと、

ジェ ト ロ フロワ
J'ai trop froid. 🔊)) 23-07
寒**すぎる**。

となります。

ただ、trop は常に否定的なニュアンスが出るわけではなく、

ス メ ク エ ト ロ サンバ
Ce mec est trop sympa! 🔊)) 23-08
あいつは**とてもいい人**だよね。

「いい人」という意味の形容詞 sympa を、trop が修飾し、「いい人すぎる」
つまり「すごくいい人」という意味にもなります。

🔊))) Dialogue-03

恋愛についての会話

● オレリアンとマノンが恋愛について、話をしています ●

1 マノン：Comment t'as rencontré Kotomi?

ことみさんとの出会いはどうだったの?

2 オレリアン：Sur une appli, pour faire un échange linguistique.

アプリだよ、言語交換のためのね。

3 マノン：Ah trop bien! Et maintenant vous parlez en japonais ou en anglais?

そうなんだ!　今は日本語と英語、どちらで話しているの?

4 オレリアン：Bah, j'essaie en Japonais le plus possible, parce que la communication, c'est le plus important dans un couple hein! Mais c'est un peu difficile.

194

うーん、カップルとしてコミュニケーションが一番大事だから、僕はできるだけ日本語で話すようにしているよ！でも、ちょっと難しいよ。

5 マノン：Ouais ça m'étonne pas. Et ça se passe bien autrement?

まぁそうだよね、それ以外は順調?

6 オレリアン：Ça se passe super, vraiment. Déjà 7 ans ensemble!

順調だよ、本当に。もうつき合ってから7年が経ったよ！

7 マノン：Ah ouais! Rah... je t'envie.

おー、すご！　うらやましいな。

8 オレリアン：Bah toi du coup, quoi de neuf?

そっちは最近どうなの?

9 マノン：J'essaie de faire des dates en ce moment, mais c'est très compliqué. On a pas la même vision avec les Japonais.

最近はデートをしようとしているんだけど、とても難しいんだよね。だって恋愛について日本人と私たちは違う視点をもっているから。

10 オレリアン：Et ouais, et en France on fait pas vraiment de dating en plus, c'est pas la même culture.

だね。フランスでは本当にデートってものをしないからね。恋愛の文化が違うよ。

11 マノン：Exactement, et avec le *tatemae* des fois c'est dur de comprendre ce qu'ils pensent vraiment.

そのとおり、それに建前のこともあって本心を理解するのが難しいこともあるよ。

12 オレリアン：Tu as un autre date bientôt?

次のデートの予定はすぐあるの?

13 マノン：Ouais, demain soir!

うん、明日の晩！

14 オレリアン：Ah cool, tu l'as rencontré comment?

いいね、どうやって知り合ったの?

15 マノン：Sur une appli aussi, il m'a donné son numéro ce matin.

私もアプリで、今朝番号を教えてくれたの。

解説

1 t'asは、tu asがくっついたものです【→**Topic 2**】。as rencontréは「〜に出会う」という意味のrencontrerの複合過去形で、「出会った」という意味になります【→**Lesson 16**】。

2 faire un échange linguistiqueするアプリとは、母語が違う人同士が互いに言葉を教え合いながら交流するためのアプリです。

3 「とても良いね」と普通に言うならtrès bienですが、「あまりにも〜」という意味のtropを使ってさらに強調することもあります【→**Lesson 23**】。ただ、もともと「〜すぎる」という意味で、否定的なニュアンスもある単語なので、使いすぎると幼い印象を与えてしまうかもしれません。ouは英語のorと同じ使い方で「〜 ou …」で「〜あるいは（または）…」となるので、en japonais ou en anglais で「日本語あるいは英語のどちらで」という意味になります【→**Lesson 22**】。

4 j'essaieは「試みる」という意味のessayerのjeが主語のときの形で、母音で始まっているのでj'とエリジヨンしています【→**Lesson 9**】。「essayer de + 動詞」で「〜しようと試みる」ということですが、ここはj'essaie de parler en japonais（日本語で話そうと試みる）のde parler（話そうとする）が省略されています【→**Topic 2**】。le plus possibleは最上級の形で、「最大限可能な」ということから「可能なかぎり」「できるだけ」という意味になります【→**Lesson 21**】。parce queは英語のbecauseと同じ使い方をする語で、「なぜなら〜」という意味です【→**Lesson 22**】。heinは色々な場面で使われる言葉で（Dialogue 2の**4**の解説参照）【→**Lesson 20**】、ここでは「ねえ、そうでしょ」くらいの意味です。maisは英語のbutと同じで「しかし」【→**Lesson 22**】、un peu 〜は「少し〜」という意味です【→**Lesson 23**】。

5 Ça m'étonne pas.は「それは僕を驚かせない」というのが直訳で（étonnerについてはDialogue 2の**11**の解説を参照）、結局これも

197

「それはそうだよね」という同意を表します。etは英語のandと同じような意味合いで、「それと…」のようなニュアンスで使われています【→**Lesson 22**】。Ça se passe bien.(サ ス パス ビヤン)はDialogue 2の **6** の解説を参照。autrement(オトルマン)は「ほかに」ということから、「それ以外では」という意味で使われています。

6 Ça se passe super.(サ ス パス スュペール)はÇa se passe bien.(サ ス パス ビヤン ビヤン)のbien(うまく、よく)がsuper(スュペール)(すごい)に変わっているので、「すごくうまく行っている」ことを表しています。déjà(デジャ)は「すでに、もう」を表す副詞です。

7 envie(アンヴィ)は「〜をうらやむ」という意味の動詞の、envier(アンヴィエ)のje(ジュ)を主語とした場合の活用形で、t'はte(トゥ)(あなたを)が母音の前でエリジヨンした形です【→**Lesson 9**】。なお、このようにフランス語では、代名詞の直接の目的語は(ここではte[t'])動詞の前に来ます。

8 quoi de neuf?(クワ ドゥ ヌフ)は、「何か新しいことある?」という意味で会話ではよく使われます。

9 J'essaie(ジェ セ)については解説の **4** を参照。très(トレ)は「非常に、たいへん、とても」と形容詞や他の副詞を強調する最も一般的な副詞です。解説の **3** も参照してください。

10 フランスでは日本のような、つき合う前のデートというステップはありません【→**Topic 20**】。même(メーム)は「同じ」という意味で、c'est pas(セ パ)la même culture.(ラ メーム キュルチュール)は、そのまま訳せば「それは同じ文化ではない」ということです。

11 exactement(エグザクトマン)は「まさに、まったく」を意味する副詞です。des fois(デ フォワ)は「ときどき、ときたま」という意味です。ce qu'ils pensent(ス キルス パンス)vraiment(ヴレマン)(本当に)は、ce que[qu'](ス ク) 〜で「〜すること」ということで、ils pensent(イルス パンス)で「彼らは考えている」なので、「彼らが本当に考えていること」という意味になり、つまり、「本心」という意味になります。

12 「un autre(アン ノートル) 〜」で、「別の〜」「もう1つの〜」という意味なので、「また別のデート」となり、「次のデート」を表しています。

13 soirは「晩、夜」ですが、夜でも常識的に考えて起きている時間帯を指します。寝るべき時間を過ぎればnuitです。demainは「明日」という意味で、単純にdemain soirと続けて言えば、「明日の晩」ということになります。

14 l'はle（彼を、彼に）が母音の前でエリジヨンした形です【→Lesson 9】。7 でも解説したとおり、フランス語では、代名詞が直接の目的語になったとき（ここではle[l']）は動詞の前に来ます。as rencontréは 1 の解説にあるように「出会った」という意味の複合過去形で【→Lesson 16】、2語でセットとなっているので、「彼に出会った」と言うときはその2語の前にl'を持ってきて、tu l'as rencontréという形にします。commentは「どうやって」「どのように」と聞くときに使う疑問詞で、Dialogue 2の14の解説でご説明したように、フランス語では疑問詞をあとにつけて、文末のイントネーションを上げるように言えば疑問文になるので【→Lesson 12】、全体で「あなたは彼にどうやって出会ったの？」という疑問文になります。

15 電話番号はnuméro de téléphoneですが、de téléphoneは言わなくてもわかるので、ここでは単純にnuméro（番号）とだけ言っています【→Topic 2】。「彼の」「彼女の」と言いたいときは男性名詞の前ではson、女性名詞の前ではsa、男女いずれでも複数名詞の前ではsesとなりますが、numéroは男性名詞なので、son numéroとなっています【→Lesson 19】。

日本のことが好きだからわかる言葉

　日本に来た当時、僕は日本語をうまく話せませんでしたが、「ありがとう」「すみません」「こんにちは」など、基本的な言葉は知っていました。
　しかし、日本人の方からかけられる言葉は「Hello」といった英語ばかりだったのを覚えています。
　最初はそれがとても嫌でした。「基本的な日本語は理解できるのに、どうして英語で声をかけるの？」と疑問でしたし、「あなたは私たちとは違うのよ」と距離を置かれている気がして、悲しかったんです。
　しかし、日本での生活が長くなるにつれ、これが親切心から来ることだとわかると、この「Hello」の聞こえ方が変わってきました。

　相手を敬い、どう接したら相手が負担なく、心地よく過ごせるか。そんなことを第一に考え、自国の言葉ではなく、慣れない外国語で話しかける。その心に触れることで、この「Hello」が温かみを持って聞こえるようになったのです。
　この例では英語を挙げましたが、日本語についても同じで、言葉だけでなく、その裏にある文化や考え方に興味を持ち、好感を抱くことで、途端に実感を持って使えるようになりました。

　本書では、まず皆さんが「フランス」そのものに興味を持って、好きになってもらえるよう、日本に長く住んでいる僕の視点で、「違いがあって面白い」と感じるトピックを取り上げ、それに関連したフランス語や文法の知識など、言葉に関する説明をしてきました。

　ここまで読んでいただいた皆さんは、フランスの文化と言葉を結びつけながら学ぶことができたのではないでしょうか？

　僕は母国であるフランスと、僕を受け入れてくれた日本に深い愛を感じています。

　どちらも素晴らしい国であり、異なる国でありながら、その両方を僕はとても愛し、尊敬しています。

　YouTubeチャンネルを始めたときからの僕の目標は、僕の目を通して感じた日本の素晴らしさを皆さんに伝えること、そしてフランス人としての私の日本での生活や、僕の家族とのフランスでの生活を皆さんと分かち合うことでした。

　やがて、フランスと日本の架け橋として両国を結び、尊敬と愛の関係を築くことが僕の使命だと気づきました。毎日、この思いを胸に目覚めます。

　日本語を勉強し始めたとき、言語学習がその文化を理解するのに役立つことに気づきました。そして日本に住んで文化を理解することは、日本語の勉強にも役立ちました。

　言語と文化というのは完全につながっていて、どちらか一方を学ばずに、もう一方を学ぶことはできません。

　本書を通して、皆さんが少しでもフランス文化に興味を持ってくださり、そしてそれと紐づけてフランス語を理解することができたのであれば、著者として、これ以上の喜びはありません。

2023年11月　Bebechan

巻末ボキャブラリー

男:男性名詞　女:女性名詞　形:形容詞　副:副詞　擬:疑問詞　前:前置詞　接:接続詞　冠:冠詞　複:複数形

STAFF

カバー・本文デザイン　CHIHIRO MATSUYAMA（AKICHI）

本文イラスト　山下 航

DTP　山口 良二

校正　鷗来堂

執筆協力　渡邊 久美子

編集・校正協力　太原 孝英

音声収録　ELEC

フランス語ナレーション　Bebechan（Aurelien）／ Robin ／ Manon

著者／Bebechan
東京在住のフランス人YouTuber。
幼い頃から日本の文化に魅了され、「フランスと日本の架け橋になる」
という自身の夢を叶えるため、2016年に来日。2021年にYouTubeチャ
ンネル「Bebechan - 日本のフランス人」を開設。日本に対する熱意
や、独特の視点を通した日本文化の発信が多くの人の心を捉え、たっ
た2年半で登録者数は50万人に到達（2023年11月現在）。
2022年からはX（旧：Twitter）での発信も積極的に行い、1年足らずで
フォロワー12万人に達するなど、日本で最も有名なフランス人の一人と
して知られるようになる。

フランス人はボンジュールと言いません

2023年12月18日　初版発行

著者／Bebechan（ベベチャン）
発行者／山下　直久
発行／株式会社KADOKAWA
〒102-8177　東京都千代田区富士見2-13-3
電話　0570-002-301（ナビダイヤル）

印刷所／図書印刷株式会社
製本所／図書印刷株式会社